ABC
DE
LA CARTOMANCIE

Édition du Club France Loisirs, Paris,
avec l'autorisation des Editions Jacques Grancher
ISBN 2-7242-2234-2

Giovanni SCIUTO

ABC
DE
LA CARTOMANCIE

FRANCE LOISIRS
123, boulevard de Grenelle, Paris

CONSEILS PRÉLIMINAIRES

Cartes à utiliser

Les méthodes révélées dans ce manuel vont vous permettre de vous initier à la cartomancie à l'aide d'un jeu quelconque de cartes à jouer. Il faut signaler, cependant, que certains jeux de cartes conviennent tout particulièrement aux débutants : leurs lames comportent des mentions résumant les principales significations divinatoires qui s'attachent à chacune d'elles (*).

Moment propice

Rien ne s'oppose à ce que vous interrogiez les cartes n'importe quand. Seulement, il résulte de la pratique que les heures du soir rendent plus facile la concentration indispensable à une interprétation vraiment correcte. Voilà pourquoi, si vous préférez lire l'avenir dans les cartes en plein jour, vous avez intérêt à réunir certaines conditions optimales, notamment en vous mettant à l'abri du bruit et de tout ce qui serait susceptible de vous distraire.

Etapes à suivre

En principe, vous devez, avant toute chose, vous familiariser avec les diverses significations divinatoires énumérées dans le prochain chapitre. Mais, si vous manquez de patience, vous pouvez aborder directement la première méthode (Réponse à une seule question) et assimiler les notions requises petit à petit, au cours d'une série d'exercices pratiques.

Quoi qu'il en soit, ne vous attaquez pas aux méthodes plus complexes (le proche avenir, les événements marquants, etc.) avant d'avoir réussi à bien maîtriser l'interprétation de sept cartes seulement, autrement dit la première méthode qui vous est proposée.

Attitude d'esprit

Vous avez pu le constater, il s'avère nettement plus facile d'atteindre un but déterminé lorsque vous agissez en y mettant le meilleur de vous-même. La cartomancie ne fait pas exception à cette règle. La « prendre à la rigolade » ne conduirait nulle part, tandis qu'en procédant avec application et perspicacité vous ne manquerez pas d'obtenir des résultats valables, spécialement si vous banissez tout scepticisme...

(*) Un exemple typique : le *Jeu de la bonne aventure*, édité par J.-C. Dusserre.

CE QUE LES CARTES VOUS DISENT

Avant de passer en revue les diverses significations divinatoires qu'une tradition vieille de six cents ans attribue à chacune des cartes, une précision importante s'impose : d'habitude, une seule signification est à retenir par carte, celle qui paraît le mieux convenir au cas précis, selon la nature de la question, l'emplacement de la carte, le voisinage de telle ou telle autre carte et des considérations complémentaires avec lesquelles vous allez vous familiariser progressivement...

Notez, par ailleurs, que la coutume des cartomanciens exige l'utilisation de 32 seulement des 52 cartes qui forment un jeu complet : qu'il s'agisse de Cœur, Trèfle, Carreau ou Pique, vous vous servirez uniquement de l'As, du Roi, de la Dame, du Valet, du Dix, du Neuf, du Huit et du Sept.

LA FAMILLE DES CŒUR

L'As de Cœur peut signifier :

- le foyer (de la personne qui consulte) ;
- un bonheur (stable) ;
- une joie (inopinée) ;
- une réussite (totale ou partielle) ;
- un succès (au prix d'efforts) ;
- des conditions favorables.

Le Roi de Cœur peut signifier :

- un homme influent et serviable ;
- un amoureux d'âge moyen, digne de toute confiance et altruiste, si la personne qui consulte est une femme ;
- un ami sincère, dévoué et généreux, si la personne qui consulte est un homme.

N.B. : dans tous les cas, il s'agit de quelqu'un ayant une chevelure claire.

La Dame de Cœur peut signifier :

- la personne qui consulte, s'il s'agit d'une femme ayant une chevelure claire (couleur naturelle !) et un âge moyen ;
- une amie sincère et généreuse, si la personne qui consulte est une femme ;
- une amoureuse prête à n'importe quel sacrifice, si la personne qui consulte est un homme.

Le valet de Cœur peut signifier :

- la personne qui consulte, s'il s'agit d'un jeune homme ayant une chevelure claire ;
- un jeune amoureux (fougueux, mais volubile), si la personne qui consulte est une femme ;
- un jeune ami (sur lequel on ne peut pas compter obligatoirement en toutes circonstances), si la personne qui consulte est un homme.

Le Neuf de Cœur peut signifier :

- un grand succès (en amour ou dans un autre domaine) ;
- une réussite d'importance primordiale ;
- un nouveau départ sous les meilleurs auspices ;
- une réconciliation.

Le Dix de Cœur peut signifier :

- un succès inattendu ;
- un grand plaisir ;
- une surprise agréable ;
- une aide (amicale ou autre) ;
- un témoignage concret de sympathie ou montrant que l'on vous apprécie.

Le Huit de Cœur peut signifier :

- la personne qui consulte, s'il s'agit d'une jeune femme ayant une chevelure claire ;
- un bon augure, en matière d'amour ;
- un amour futur ;
- une prochaine rencontre, qui constituerait le point de départ d'un lien sentimental (durable ou non).

Le Sept de Cœur peut signifier :

- un ou plusieurs enfants ;
- un garçonnet ;
- une jeune fille ;
- quelques petits changements dans le contexte familial.

LA FAMILLE DES TRÈFLE

L'As de Trèfle peut signifier :

- un avantage (matériel ou moral) ;
- un profit considérable ;
- qu'un but est atteint ou va l'être ;
- une réussite majeure ;
- une récompense.

Le Roi de Trèfle peut signifier :

- La personne qui consulte, s'il s'agit d'un homme ayant moins de trente ans ;
- quelqu'un pouvant sérieusement épauler dans sa carrière la personne qui consulte, si celle-ci est un homme ayant moins de trente ans ;
- un homme d'âge moyen pouvant garantir une situation matérielle solide à la personne qui consulte, si celle-ci est une femme ;
- un homme (ayant dépassé les trente-cinq ans environ), dont les activités professionnelles relèvent de la créativité artistique.

La Dame de Trèfle peut signifier :

- la personne qui consulte, si celle-ci est une femme (brune) ayant entre trente et soixante ans environ ;
- une femme très attachée à l'argent ;
- une femme douée pour les affaires.

Le Valet de Trèfle peut signifier :

- la personne qui consulte, s'il s'agit d'un homme (brun) ayant moins de trente ans (spécialement si la question est liée à l'argent, à la carrière) ;
- un jeune homme (brun) ayant beaucoup de ressort ;
- un jeune homme (brun) doué pour les affaires ;
- un jeune homme (brun) prédestiné à une carrière brillante.

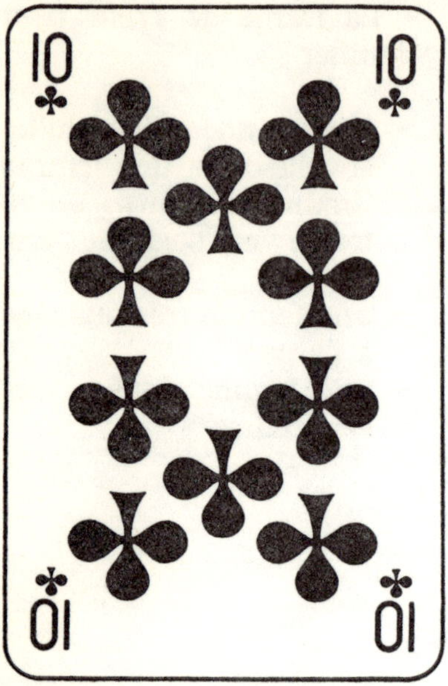

Le Dix de Trèfle peut signifier :

- beaucoup de chance ;
- une rentrée d'argent importante (que ce soit grâce au travail, au jeu ou à un héritage, etc.) ;
- de bonnes affaires.

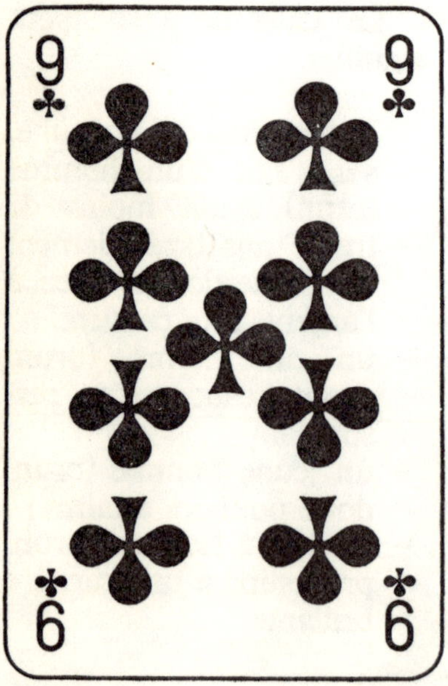

Le Neuf de Trèfle peut signifier :

- une circonstance propice (qu'il s'agisse d'association professionnelle ou d'union affective) ;
- un profit de faible importance ;
- une rentrée d'argent assez agréable (grâce au travail, au jeu, ou à un héritage, etc.).

Le Huit de Trèfle peut signifier :

- la personne qui consulte, s'il s'agit d'une femme brune ayant moins de trente ans ;
- une jeune femme brune ;
- une jeune fille brune ;
- une jeune fille (ou une jeune femme) brune douée pour les affaires ;
- une jeune fille (ou une jeune femme) brune foncièrement égoïste.

Le Sept de Trèfle peut signifier :

- une circonstance propice pour gagner de l'argent ;
- rentrée d'une faible somme d'argent, que ce soit ou non grâce au travail.

LA FAMILLE DES CARREAU

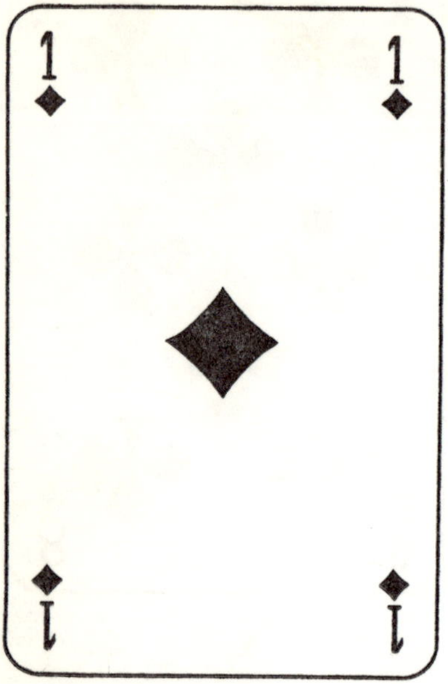

L'As de Carreau peut signifier :

- le travail de la personne qui consulte ;
- le travail du ou de la partenaire de la personne qui consulte, si celle-ci est sans profession ou se trouve au chômage.

Le Roi de Carreau peut signifier :

- la personne qui consulte, s'il s'agit d'un homme ayant dépassé cinquante-cinq ou soixante ans ;
- l'associé en affaires ;
- un client très important ;
- l'employeur (ou le chef de service, le mécène, etc.) de la personne qui consulte.

La Dame de Carreau peut signifier :

- la personne qui consulte, s'il s'agit d'une femme ayant dépassé cinquante-cinq ou soixante ans ;
- une femme dévouée aux intérêts de la personne qui consulte ;
- une amie véritable, qui serait susceptible de rendre service, dans le contexte professionnel.

Le Valet de Carreau peut signifier :

- une nouvelle importante (en matière de travail) ;
- un changement quelconque, dans le contexte professionnel.

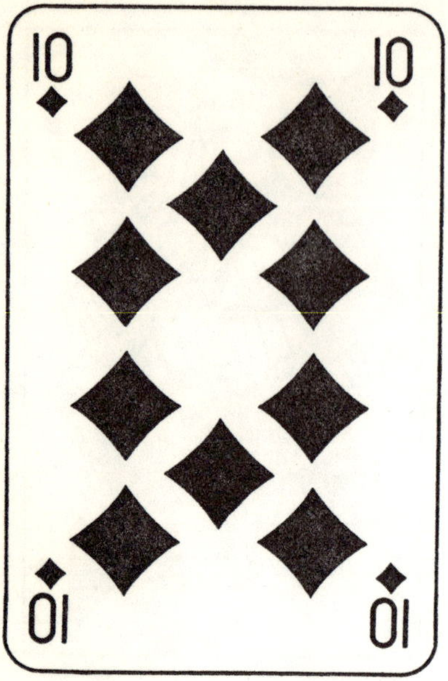

Le Dix de Carreau peut signifier :

- un concours de circonstances propice pour entreprendre du nouveau, sur le plan professionnel ;
- une nouvelle de l'étranger (de nature professionnelle ou non) ;
- un voyage important (d'affaires ou pas, mais vraisemblablement à l'étranger) ;
- un choix à faire, qui concerne le travail.

Le Neuf de Carreau peut signifier :

- une période défavorable (sur le plan professionnel, en principe) ;
- un contretemps (habituellement dans les affaires) ;
- une contrariété plus ou moins grande (liée aux activités professionnelles, le plus souvent) ;
- un obstacle (sur le lieu de travail, dans la plupart des cas).

Le Huit de Carreau peut signifier :

- un petit changement dans le travail ;
- un déplacement d'importance secondaire (pour des raisons de travail ou non) ;
- une intensification des activités professionnelles ;
- un surcroît de travail.

Le Sept de Carreau peut signifier :

- une initiative ou un agissement pouvant aboutir à un changement (en mieux ou en moins bien), sur le plan professionnel ;
- une phase préparatoire importante pour l'avenir professionnel de la personne qui consulte.

LA FAMILLE DES PIQUE

L'As de Pique peut signifier :

- un contrat ;
- une lettre ou un document d'affaires ;
- une transaction financière ;
- un procès ;
- une démarche professionnelle importante ;
- une association professionnelle ;
- un contact avec un personnage très influent ;
- une activité politique.

Le Roi de Pique peut signifier :

- un avocat ;
- un procureur ;
- un juge ;
- un huissier ;
- un notaire ;
- un commissaire de police ou tout autre représentant de la loi ou de la justice ;
- un jugement ou une condamnation ;
- une influence (négative) du passé.

La Dame de Pique peut signifier :

– une veuve ou une divorcée ;
– une intrigante ;
– une femme égoïste (et malveillante) ;
– une dispute ;
– une rupture ;
– un acte de vengeance.

Le Valet de Pique peut signifier :

– un criminel ;
– un escroc ;
– un huissier malveillant ;
– un inspecteur des impôts malveillant ;
– un jaloux ;
– un traître ;
– une infidélité (amoureuse ou autre) ;
– un acte quelconque préjudiciable.

Le Dix de Pique peut signifier :

- le soir ou la nuit ;
- un fait quelconque (annoncé par une autre carte), qui se produirait le soir ou la nuit ;
- une rencontre ayant lieu le soir ou la nuit ;
- un gain de temps.

Le Neuf de Pique peut signifier :

- la perte (d'une personne, d'un objet, etc.) ;
- une rupture (de nature sentimentale ou non) ;
- un obstacle important (surmontable, cependant) ;
- le découragement ;
- l'impératif de tout recommencer à zéro ;
- une difficulté quelconque (pouvant être éliminée).

Le Huit de Pique peut signifier :

- la mort d'un être très proche ;
- la maladie de la personne qui consulte ou d'un être de son entourage immédiat ;
- un mal inopiné ;
- un projet quelconque devant être abandonné ;
- une série d'obstacles inattendus ;
- la détérioration d'un lien affectif ;
- la faillite.

Le Sept de Pique peut signifier :

- un espoir, une issue ;
- des adversités pouvant être vaincues ;
- la confirmation d'une prédiction formulée par l'une des cartes voisines.

Voilà, notre tour d'horizon est complet, vous savez maintenant que :

– les cartes de la famille des CŒUR annoncent toujours de bonnes choses et se réfèrent, essentiellement, à la vie affective ;
– les cartes de la famille des TRÈFLE sont en rapport, surtout, avec l'argent ; on les considère de bon augure ;
– les cartes de la famille des CARREAU parlent, avant tout, du travail et, dans l'ensemble, sont bénéfiques ;
– les cartes de la famille des PIQUE, elles, constituent de mauvais présages, à de rares exceptions près...

Avant d'aller plus loin, il convient de préciser que les Pique ne doivent pas obligatoirement créer des appréhensions : il suffit du voisinage d'une carte bénéfique (de la famille des Cœur, en premier lieu), pour que la portée de leur message négatif soit nettement diminuée.

RÉPONSE À UNE SEULE QUESTION

Voici une méthode simple, que vous pouvez arriver à bien connaître en une seule soirée, à condition de faire une série d'exercices...

Cette méthode sera, pour vous, la première étape importante. Que vous ayez déjà appris par cœur les significations divinatoires des diverses cartes ou non, elle va représenter le véritable début de votre initiation à l'art de tirer les cartes.

Comment s'y prendre

Après avoir pris des dispositions pour ne pas être dérangé, isolez-vous et, les yeux fermés, dans un état de relaxation, c'est-à-dire sans penser à rien, « chauffez » le jeu des 32 cartes au creux de la main gauche. Puis...

1. Tout en pensant très fortement à la question que vous posez, qu'elle concerne une personne déterminée ou une affaire quelconque dont vous voudriez connaître l'issue, vous BATTEZ LES CARTES (exactement comme si vous vous en serviez dans le cadre d'un jeu) et coupez (autrement dit, vous les divisez en deux tas, au hasard, la face illustrée des cartes tournée vers la table).

2. Sans vous préoccuper du tas de cartes que vous avez enlevé, continuez à vous concentrer sur la question posée, puis retirez, toujours au hasard, l'une après l'autre, 7 cartes parmi celles restées en place après la coupe.

3. Disposez les 7 cartes ainsi tirées, dans l'ordre comme indiqué ci-après :

Comment placer, dans l'ordre, les lames tirées selon la méthode des 7 cartes

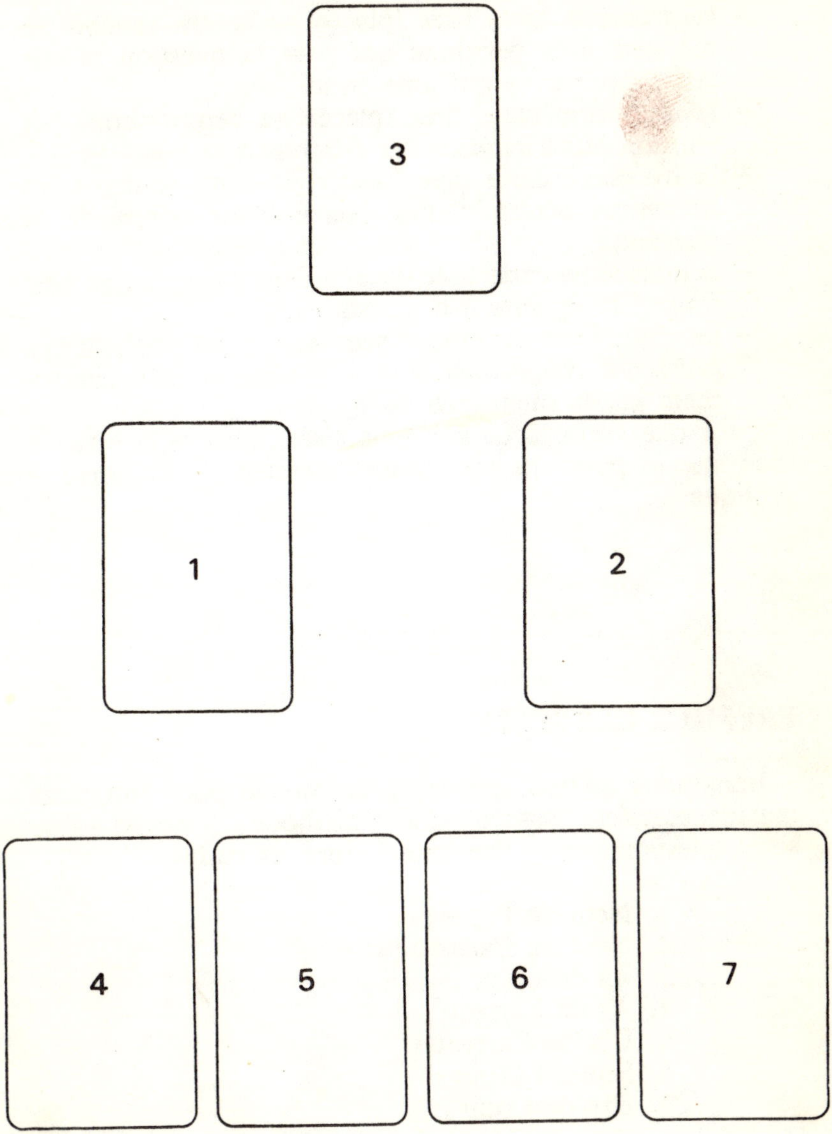

A ne pas oublier

Retenez bien, une fois pour toutes, les règles d'interprétation de la méthode « Réponse à une seule question » :

- la première carte tirée (placée au centre gauche) se rapporte à la personne qui pose la question et elle laisse deviner ce qui joue en sa faveur ;
- la deuxième carte tirée (placée au centre droit) fait allusion aux *circonstances* relatives à la question ;
- la troisième carte tirée (placée en-haut) souligne les influences déterminantes exercées sur l'objet de la question ;
- la quatrième carte tirée (la première à gauche, en bas) fournit la *réponse* à la question ;
- les cinquième, sixième et septième cartes donnent des *précisions complémentaires* à la réponse faite directement par la quatrième carte.

Pour que votre tâche soit plus aisée, laissons la « partie théorique » pour passer immédiatement à la « partie pratique ».

PREMIER EXERCICE

Imaginons qu'une femme se tourmente pour son mari malade, et qu'elle fasse appel à la méthode « Réponse à une seule question ». Elle tire dans l'ordre les cartes :

1. Neuf de Pique ;
2. Neuf de Carreau ;
3. As de Cœur ;
4. As de Carreau ;
5. Dix de Carreau ;
6. Sept de Cœur ;
7. Dix de Cœur ;

et les dispose de la façon suivante :

CONSULTANTE

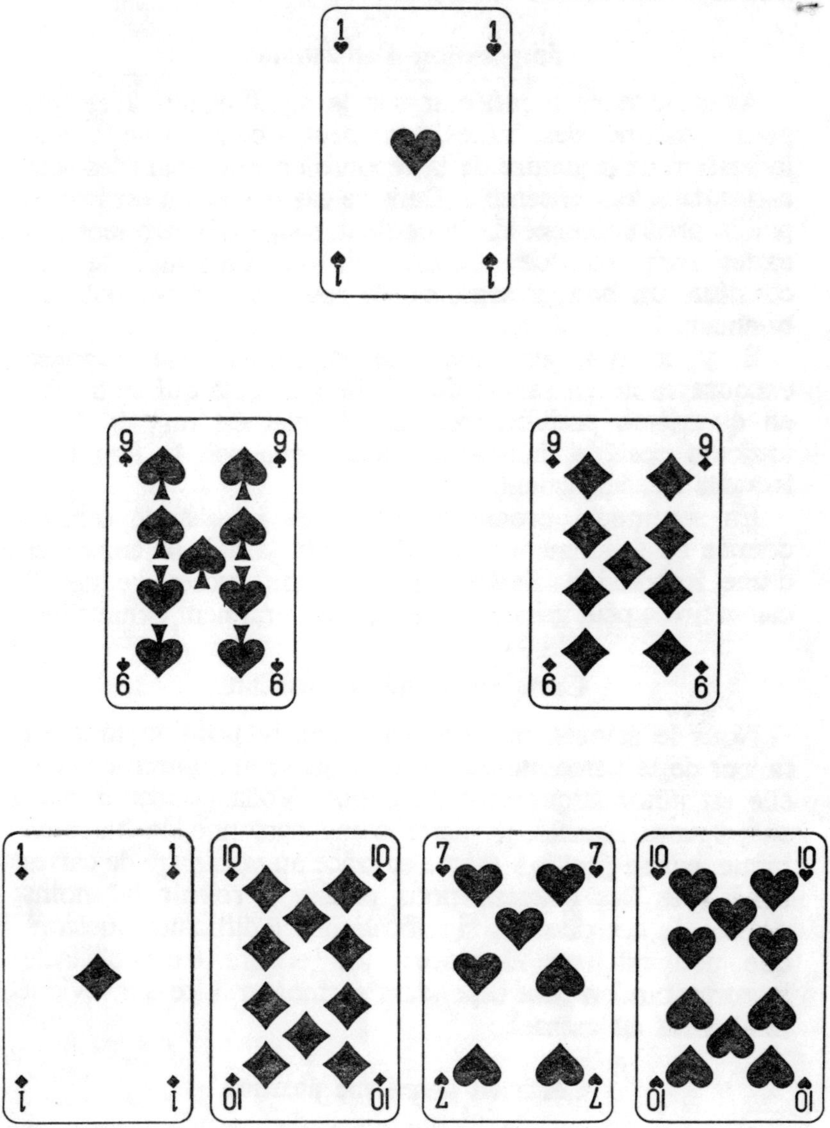

VOUS

Elle ne doit formuler qu'une seule question, qui soit la plus précise possible : « Mon mari va-t-il guérir ? » L'interprétation peut commencer...

Impression d'ensemble

Avant d'avoir à réfléchir sur la signification à retenir pour chacune des lames, on peut obtenir une vague indication de la nature de la réponse en examinant les sept cartes dans leur ensemble. Dans ce cas précis, on est frappé par la prédominance de la couleur rouge (six sur sept des cartes sont, soit des Cœur, soit des Carreau), ce qui constitue un bon présage, car le rouge est le symbole du bonheur.

Il y a lieu, en plus, de présumer une réponse encourageante en raison du fait que la carte qui se trouve en quatrième position (réponse directe) est un As, lame toujours positive, bénéfique, quelle que soit la famille à laquelle elle appartient.

En somme, à première vue, toute inquiétude semble dénuée de fondement. Mais il ne faut jamais se contenter d'une impression. Seule, l'interrogation successive des 7 cartes tirées peut garantir une réponse vraiment exhaustive.

Carte en première position

Nous le savons, la carte en première position joue en faveur de la personne qui pose la question ; autrement dit, elle est automatiquement bénéfique. Voilà pourquoi, tout en pouvant signifier la perte d'une personne, le Neuf de Pique, par sa position même et grâce au voisinage de cartes bénéfiques (les rouges), nous pousse à retenir la moins néfaste de ces diverses significations : « difficulté quelconque pouvant être éliminée » (ou encore « un obstacle important qu'on peut cependant surmonter », ce qui revient finalement au même).

Carte en deuxième position

La carte en deuxième position parle des circonstances relatives à l'objet de la question. S'agissant d'un Neuf de

Carreau, on recherche celle de ses significations qui paraît le mieux s'adapter à son cas (maladie du conjoint), et la logique suggère qu'on retienne : « une période défavorable ».

Carte en troisième position

Rappelons-le, la carte arrivée en troisième position révèle les *influences* qui régissent l'objet de la question. Or, l'As de Cœur est synonyme de bonheur, de réussite, etc. C'est aussi la carte qui symbolise le foyer de la personne qui consulte, autant de raisons pour déduire que les influences exercées sur le malade sont bénéfiques.

Carte en quatrième position

Comme vous le savez, la carte placée en quatrième position exprime la *réponse directe.* L'As de Carreau (en rapport avec les activités professionnelles de la personne qui pose la question ou de son conjoint) étant bénéfique, on va supposer que cette lame signifie, ici, que le mari de la consultante peut (rapidement) reprendre son travail.

Cartes en cinquième, sixième et septième position

Les trois dernières cartes tirées donnent des précisions complémentaires qui permettent de mieux connaître le sens à donner à la réponse fondamentale de la carte se trouvant en quatrième position.

Parmi les diverses significations du Dix de Carreau, (en cinquième position), celle qui annonce « un concours de circonstances propice pour entreprendre du nouveau, sur le plan professionnel », semble le mieux convenir ici...

En sixième position, le Sept de Cœur annonce un changement mineur dans le contexte familial : après son rétablissement, le mari de la consultante peut passer plus (ou moins) de temps à la maison que par le passé, en raison de son travail (le Sept de Cœur se trouvant dans le voisinage immédiat du Dix de Carreau, qui annonce un nouveau départ professionnel, un lien étroit entre les deux messages est à présumer).

Enfin, le Dix de Cœur, en septième position, confirme les messages positifs de l'ensemble des autres cartes. Ne fait-il pas état de « succès inattendu », « grand plaisir », etc. ?

Interprétation définitive

A la lumière de la lecture respective de chacune des sept cartes tirées, il devient possible de formuler une interprétation définitive et détaillée.

La prédiction communiquée à la consultante peut être la suivante :

– Les cartes que vous avez tirées autorisent l'optimisme. Même si, dans l'immédiat, la situation paraît alarmante, tout va rentrer dans l'ordre. Selon les cartes, l'état de votre mari doit s'améliorer rapidement, d'une manière imprévue. L'As de Carreau montre que votre mari va reprendre bientôt ses activités professionnelles, mais il n'est pas exclus qu'une modification se produise dans son travail. Ceci peut impliquer un petit changement au foyer : il vous consacrera, peut-être, plus ou moins de temps que par le passé. Quoi qu'il en soit, le bonheur et la joie vont revenir, d'après les cartes...

Conseil

Pour apprendre plus facilement et plus rapidement la méthode, vous pourrez :

- dessiner sur une feuille de papier l'emplacement des sept cartes ;
- inscrire dans chaque case un mot pouvant vous rappeler le rôle spécifique de la carte (case 1 : favorable ; case 2 : circonstances ; case 3 : influences ; case 4 : réponse ; cases 5, 6 et 7 : détails) ;
- placer les cartes tirées dans les cases ainsi « préfabriquées » et vous exercer jusqu'à connaître par cœur leurs attributions respectives.

Remarque

La réponse communiquée à la consultante imaginaire est nuancée, les affirmations prophétiques sont volontairement évitées, pas question de jouer les « devins infaillibles »...

Que cela vous serve d'exemple. Qu'il s'agisse de bonnes ou de mauvaises nouvelles, annoncez-les toujours avec circonspection, en soulignant le fait que rien ne prouve l'exactitude de votre interprétation. C'est en procédant de cette façon que vous vous mettrez à l'abri des reproches éventuels.

DEUXIÈME EXERCICE

Supposons le cas d'un jeune homme qui pose la question :

– Vais-je réussir à mes examens ?

Admettons qu'il tire, dans l'ordre, les :

1. As de Carreau ;
2. Valet de Pique ;
3. Roi de Trèfle ;
4. Dame de Carreau ;
5. As de Trèfle ;
6. Sept de Carreau ;
7. Huit de Cœur.

Impression d'ensemble

Ici encore, la carte (bénéfique) sortie en quatrième position est de bon augure, de plus, il y a davantage de cartes rouges (Cœur et Carreau) que de noires (Trèfle et Pique), ce qui donne d'emblée l'impression d'une réponse positive.

CONSULTANT

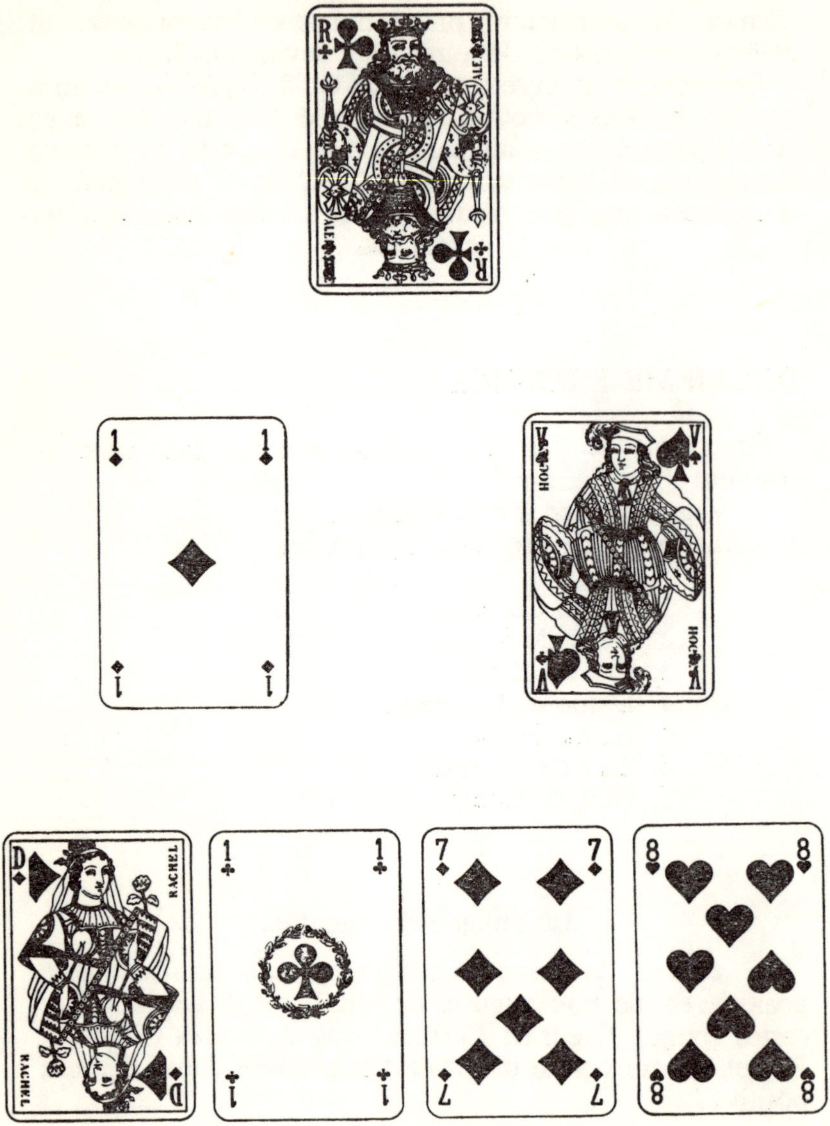

VOUS

Carte en première position

L'As de Carreau se réfère bien aux activités professionnelles (dans ce cas précis, les études) du consultant et constitue un présage favorable.

Carte en deuxième position

Comme il s'agit de la case des circonstances, le Valet de Pique paraît désigner une personne néfaste au consultant (il y a lieu de craindre l'attitude hostile de l'un des examinateurs).

Carte en troisième position

Le Roi de Trèfle semble indiquer les influences incontestablement bénéfiques exercées, lors des examens, par un personnage influent.

Carte en quatrième position

La Dame de Carreau désigne une femme bien disposée à l'égard du consultant, on peut donc déduire que celui-ci peut réussir, surtout grâce au concours d'une femme qui l'aide à préparer ses examens ou fait partie du comité des examinateurs.

Cartes en cinquième, sixième et septième position

L'As de Trèfle annonce un succès important, l'atteinte d'un but déterminé et confirme, par là, la réponse positive de la carte en quatrième position (la Dame de Carreau).

Le Sept de Carreau signale que le consultant entre, après ses examens, dans une phase préparative importante de sa carrière.

Le Huit de Cœur, enfin, peut signifier qu'au cours de la période qui suit ses examens, ayant l'esprit plus libre, le consultant n'a pas de mal à localiser « l'âme sœur »...

Interprétation définitive

Les cartes tirées permettent de dire au consultant imaginaire :

– Votre réussite exige de l'effort. S'il existe dans votre

entourage une femme susceptible de vous épauler dans votre travail, par des cours particuliers ou autrement, n'hésitez pas à en profiter, elle vous sera d'un secours primordial. Le Valet de Pique indique que vous risquez d'avoir à faire face à une certaine sévérité au cours des épreuves, même si, d'après le Roi de Trèfle, l'hostilité de l'un des examinateurs peut être équilibrée par la bienveillance d'un autre. Toujours selon les cartes, il se peut que l'appui féminin dont j'ai parlé se manifeste non pas avant mais pendant les examens, vous serez alors en présence d'au moins deux personnes bienveillantes... L'essentiel est de mettre à profit le temps qui vous reste pour réviser à fond les matières du programme, condition grâce à laquelle vous réussirez. J'ajoute que le Sept de Carreau laisse présager des conditions optimales pour jeter les bases de votre future carrière, peu après vos examens, à un moment où, si l'on en croit le Huit de Cœur, la chance vous sourit en amour...

Remarque

Malgré la configuration extrêmement favorable des cartes, il aurait été peu prudent de « griser » le consultant (imaginaire), voilà pourquoi le succès aux examens n'a pas été annoncé d'une manière catégorique, mais on a insisté sur la nécessité d'y mettre du sien...

TROISIÈME EXERCICE

Imaginons, à présent, le cas d'une femme relativement riche de trente ou quarante ans, « fréquentée » par un jeune homme de situation financière modeste. Supposons qu'elle demande :

– Sort-il avec moi à cause de mon argent ou parce qu'il m'aime vraiment ?

Les cartes tirées sont :

1. As de Trèfle ;
2. Sept de Carreau ;
3. Huit de Trèfle ;
4. Dame de Trèfle ;
5. Roi de Cœur ;
6. Neuf de Trèfle ;
7. Neuf de Pique.

Impression d'ensemble

Il suffit d'un coup d'ail pour constater le rôle primordial des Trèfle, synonymes d'argent, d'intérêt... Comment ne pas craindre que le jeune homme en question soit quelqu'un d'intéressé ? D'autant qu'une seule des cartes tirées, le Roi de Cœur parle d'amour, mais sans pouvoir s'imposer, puisqu'en cinquième position...

Carte en première position

L'As de Trèfle confirme la situation financière enviable de la consultante imaginaire et paraît dire qu'elle a, en règle générale, plus de chance en affaires qu'en amour...

Carte en deuxième position

Le Sept de Carreau met en relief l'importance des circonstances : le lien de la dame peut avoir des répercussions sur ses activités professionnelles (changement en mieux ou en pire).

Carte en troisième position

Le Huit de Trèfle évoque les influences exercées sur la consultante par une jeune femme brune douée pour les affaires. Il peut s'agir de son associée ou bien d'une autre personne de son entourage professionnel, de celle qui lui a mis la puce à l'oreille, en insinuant que le jeune amant en veut uniquement à son argent.

CONSULTANT

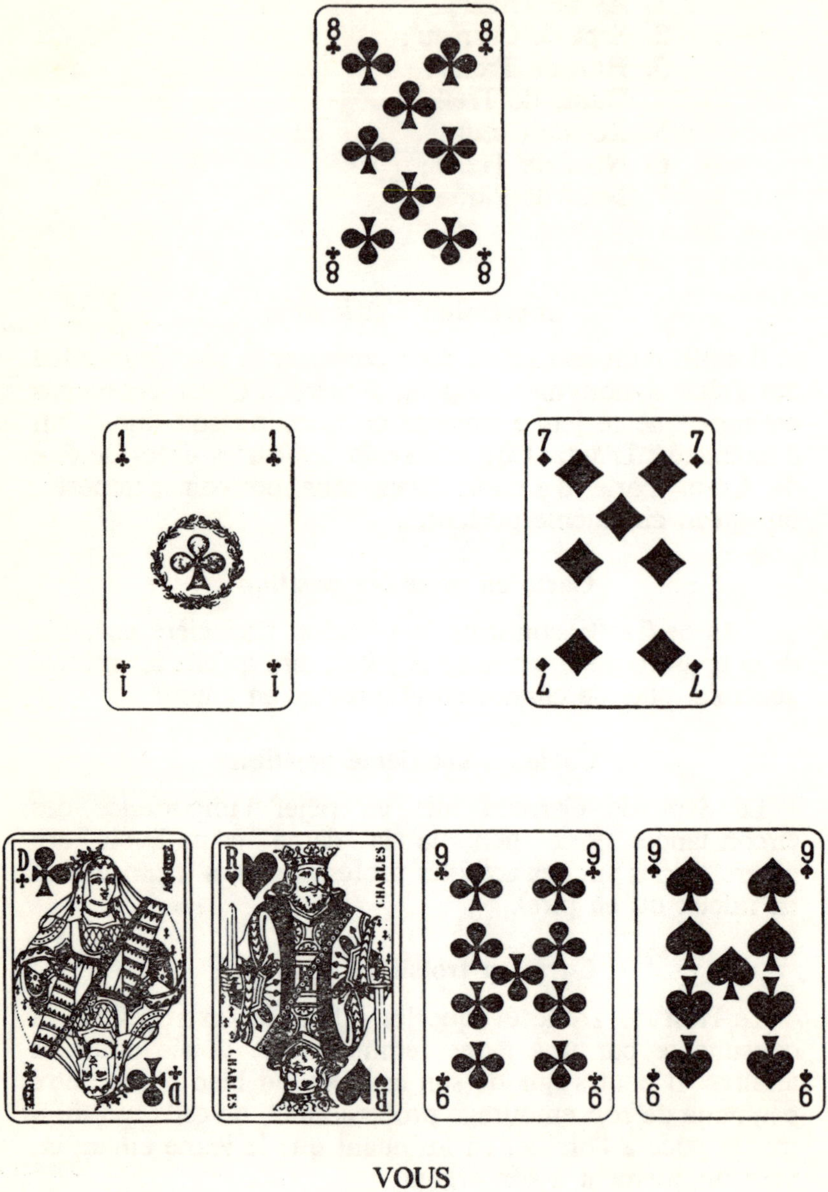

VOUS

Carte en quatrième position

On le sait, la Dame de Trèfle peut désigner la personne qui pose la question, s'il s'agit d'une femme (brune) ayant entre trente et soixante ans environ. Cette fois (et même si nous imaginons que la consultante est une blonde), la carte met particulièrement en relief exactement ce qu'on veut savoir : au-delà de ses significations complémentaires (« une femme très attachée à l'argent » ou « une femme douée pour les affaires »), par le symbolisme même du Trèfle (qui égale argent), la carte paraît mettre en garde la consultante contre celui qui ne voit en elle qu'une source d'avantages matériels... (En fait, si, à la place de la Dame de Trèfle, il se trouve n'importe quelle autre carte de la même famille, là encore, tout simplement en raison de la signification symbolique des Trèfle, on arrive à une conclusion analogue.)

Cartes en cinquième, sixième et septième position

Le Roi de Cœur, dans le voisinage immédiat de la Dame de Trèfle, peut annoncer la présence (ou la prochaine arrivée) dans la vie de la consultante d'un homme d'âge mûr et généreux, qui l'aimera sans arrière-pensées... et qui est doté d'une chevelure claire.

Le Neuf de Trèfle, qui suit, précise qu'une éventuelle union affective entre la consultante et l'homme symbolisé par le Roi de Cœur mérite d'être envisagée et peut assurer le bonheur sentimental recherché par elle.

Le Neuf de Pique, lui, semble explicite, puisque parmi ses significations se trouvent des notions parfaitement applicables dans ce cas précis et pouvant constituer des éléments complémentaires aptes à élucider la réponse : « rupture », « impératif de tout recommencer à zéro »...

Interprétation définitive

Voici la réponse que les cartes tirées suggèrent :

– Il semble qu'une femme de votre entourage vous

conseille la prudence, ne voyant pas d'un bon œil votre lien actuel. Selon les cartes, elle peut ne pas avoir tort. Sur le plan affectif, vous vous trouvez à un tournant décisif de votre existence, et vous ne devez pas agir à la légère. L'argent a toujours joué un rôle important dans votre vie et, vraisemblablement va continuer à vous donner de grandes satisfactions, à condition de ne pas compromettre la stabilité de votre situation. Comme par le passé, veillez donc à vos intérêts, ne perdez pas votre bon sens à cause d'un élan passager : tel est le conseil des cartes. De toute façon, vous connaissez ou allez connaître un homme qui, logiquement, vous conviendra mieux que votre jeune ami. Il s'agira, d'après les cartes, d'une personne aux cheveux clairs et de votre âge ou bien un peu plus âgé que vous. Il vous aimera sincèrement, pour vous et non pour votre argent. Si, par conséquent, votre liaison actuelle doit se terminer, vous n'avez rien à regretter ; vous êtes susceptible de réaliser une entente harmonieuse avec un homme qui, lui, est incontestablement désintéressé...

Remarque

De la même manière que dans les exercices précédents, la réponse a été formulée avec diplomatie. Au lieu de critiquer l'amant de la consultante, on a attiré l'attention sur les avantages d'une éventuelle union avec « l'autre » (le Roi de Cœur). Ceci afin de ne pas créer de discorde.

Inspirez-vous de cet exemple. Dans un cas analogue, ne prononcez jamais une « condamnation » de la personne dont l'amour, ou l'honnêteté, etc., serait mis en doute, mais faites de votre mieux pour exprimer avec tact ce que les cartes paraissent dire. Il faut toujours laisser son libre arbitre à la personne qui vous demande de lui tirer les cartes, sans chercher à influencer sa décision ou sa ligne de conduite de quelque manière que ce soit.

QUATRIÈME EXERCICE

Imaginons le cas d'une jeune femme qui poserait la question suivante :

– J'ai la possibilité d'être embauchée par une société en pleine expansion. Ai-je intérêt à quitter mon emploi actuel ?

Supposons que cette consultante tire, dans l'ordre les :

1. Dame de Pique ;
2. As de Carreau ;
3. Sept de Trèfle ;
4. Valet de Trèfle ;
5. Huit de Cœur ;
6. Neuf de Pique ;
7. Roi de Trèfle.

Impression d'ensemble

La présence de plusieurs Trèfle laisse deviner l'importance que la consultante hypothétique attribue à l'argent, ce qui indique la nécessité de lui donner une réponse axée en ce sens, sans tenir compte de facteurs autres que ceux « bassement matériels »...

Carte en première position

Etant la première carte tirée dans l'ordre et devant, par conséquent, jouer un rôle obligatoirement positif, la Dame de Pique peut signaler que la « rupture » s'annonce bénéfique, que la consultante n'aura pas à regretter sa démission éventuelle.

Carte en deuxième position

L'As de Carreau est de bon augure pour les activités professionnelles de la consultante, mais les circonstances que cette carte est censée éclairer sont-elles en rapport avec son emploi actuel ou bien avec sa carrière au sein de la « société en pleine expansion » qui la tente ? Nous le verrons plus tard...

CONSULTANTE

VOUS

Carte en troisième position

Le Sept de Trèfle précise (si besoin était) que la consultante est influencée par l'attrait d'un salaire supérieur à celui qu'elle perçoit. On peut déduire qu'effectivement, elle va gagner plus d'argent dans son nouvel emploi.

Carte en quatrième position

Même si ce n'est qu'indirectement que le Valet de Trèfle dégage une notion de réussite professionnelle, cette carte semble conseiller le changement d'emploi.

Cartes en cinquième, sixième et septième position

Normalement, le Huit de Cœur concerne la vie sentimentale. Par ailleurs, cette carte peut désigner la consultante, si elle n'a pas atteint la trentaine et si sa chevelure est claire. Compte tenu de la nature de la question et de l'emplacement de la carte, au lieu d'y voir le présage d'une « prochaine rencontre » ou de retenir n'importe quelle autre des significations qui lui sont attribuées, il convient de considérer cette carte uniquement comme une confirmation de la tournure favorable des événements, en cas de changement d'emploi.

La présence du Neuf de Pique signale la nécessité d'un nouveau départ et peut plaider, à son tour, en faveur du changement d'emploi.

Le Roi de Trèfle désigne un « parti intéressant » si la consultante s'inquiète de ses possibilités de mariage ou de remariage, mais, puisque ce n'est pas le cas, il convient de retenir, uniquement, la signification positive de cette carte sur le plan financier.

Interprétation définitive

La réponse est dictée non seulement par l'interprétation pure et simple des diverses cartes (celle qui se trouve en quatrième position constituant la clé primordiale), mais par la prise en considération du détail qui a frappé dès le début : 3 des 7 cartes tirées sont des Trèfle, synonymes de bénéfice matériel !... Il faut, en outre, attribuer de l'importance à la présence de l'As de Carreau, carte particulièrement bénéfique sur le plan professionnel.

On peut donc dire à la consultante imaginaire :

– Selon les cartes, votre éventuel changement d'emploi se traduit par un accroissement incontestable de vos bénéfices matériels... du moins dans l'immédiat. Votre nouvelle carrière prend naissance sous de bons auspices, mais rien ne prouve que vous ne regretterez pas votre initiative. Apparemment, vous allez gagner plus et vous pouvez même vous attendre à des hausses de salaire importantes par la suite. C'est à vous de décider si vous devez quitter un emploi stable, où un avancement moins rapide vous réserve peut-être des satisfactions à longue échéance.

Remarques

Une prudence excessive ?... Pas tellement. La réponse suggérée tient compte du fait que le Valet de Trèfle (en quatrième position, donc représentant la réponse fondamentale) n'est pas une carte suffisamment puissante pour motiver un encouragement sans réserves. Si, à sa place, il y avait un As de Trèfle, là, oui, on pourrait présumer que la personne hésitante a tout intérêt à intégrer la société qui voudrait l'engager...

Car, en cartomancie comme dans le jeu, « la carte la plus forte est l'As ». Viennent ensuite le Roi, le Dame, etc, jusqu'au Sept.

La réserve s'explique, en outre, par l'éventualité que l'As de Carreau, dans la case des circonstances, se réfère à la situation actuelle de la consultante hypothétique et dit que, finalement, « lâcher la proie pour l'ombre » serait un peu risqué...

Indépendamment de tout ceci, l'absence d'un encouragement formel à accepter l'offre d'emploi de la « société en pleine expansion » s'impose en raison de la règle d'or de la cartomancie, qu'on ne répétera jamais assez : « éclairer autrui objectivement, sans brusquer ses décisions mais en lui laissant le libre arbitre » !

Evidemment, lorsque vous tirez les cartes pour vous-même, rien ne vous oblige à observer tant de précautions. Et, cependant, la voix de la sagesse vous conseille de ne jamais croire aveuglément tout ce que les cartes vous disent. Non que la cartomancie soit un art divinatoire indigne d'une confiance totale, mais à cause du risque que vous soyez victime d'une interprétation erronée.

LE PROCHE AVENIR

Par « proche avenir », il faut entendre, ici, une période de six mois environ.

La méthode implique l'utilisation de 32 cartes (de l'As au Sept, pour les Cœur, Carreau, Trèfle et Pique), avec l'interprétation de 12 cartes tirées.

Les prédictions pouvant être obtenues portent :

– sur la personne qui consulte (vous-même ou un ami, un parent, etc.) ;
– sur son foyer ;
– sur ses activités en général ;
– sur les imprévus la concernant.

Comment s'y prendre

Tout comme pour la méthode « Réponse à une seule question », veillez à ce que soient réunies les conditions idéales favorisant la concentration voulue. La personne qui interroge les cartes « chauffe » celles-ci, pendant quelques minutes, toujours dans la main gauche. Après quoi, elle bat les cartes, tout en évoquant par la pensée les problèmes majeurs qui la préoccupent. Ceci fait, elle pose le jeu sur la table, la face des cartes tournée vers celle-ci. A ce stade, il faut :

1. retirer du jeu chaque septième lame (continuant à garder les cartes face tournée vers la table et comptant de haut en bas, puis répéter l'opération autant de fois que nécessaire), jusqu'à ce que le nombre des cartes ainsi retirées atteigne 12 ;

2. retourner le tas des 12 cartes et les disposer 3 par 3 (toujours en comptant de haut en bas), afin de constituer 4 séries de 3 cartes chacune ;
3. interpréter les 4 séries de 3 cartes dans l'ordre, en tenant compte de la règle que la première série se réfère à la personne qui consulte, la deuxième à son foyer, la troisième à ses activités en général, la quatrième aux surprises (bonnes ou mauvaises) qui l'attendent dans un proche avenir.

Pour éviter tout malentendu, fiez-vous à l'illustration ci-dessous, qui vous montre exactement quelle doit être la disposition des 12 cartes tirées, dans l'ordre de leur tirage.

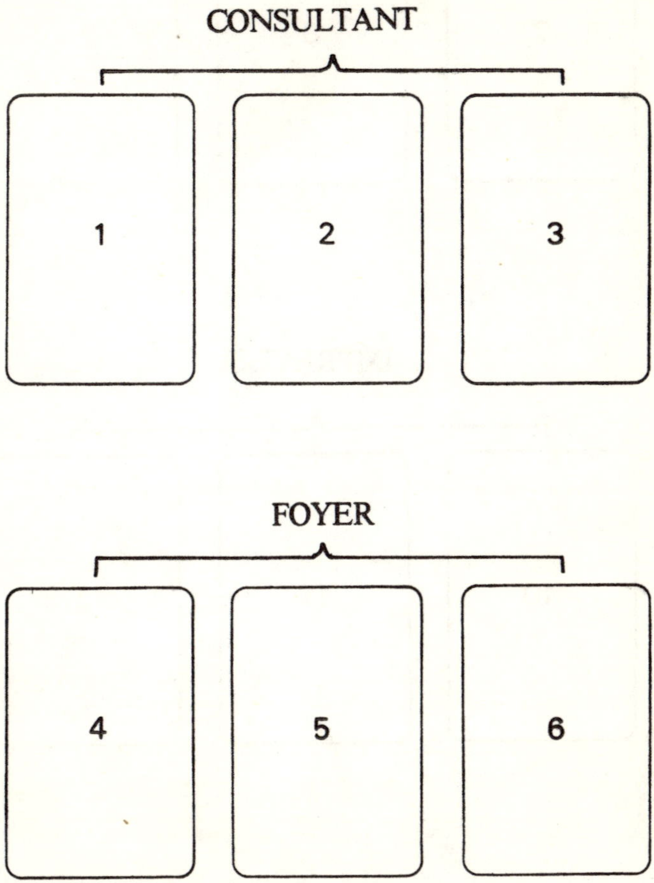

GÉNÉRALITÉS

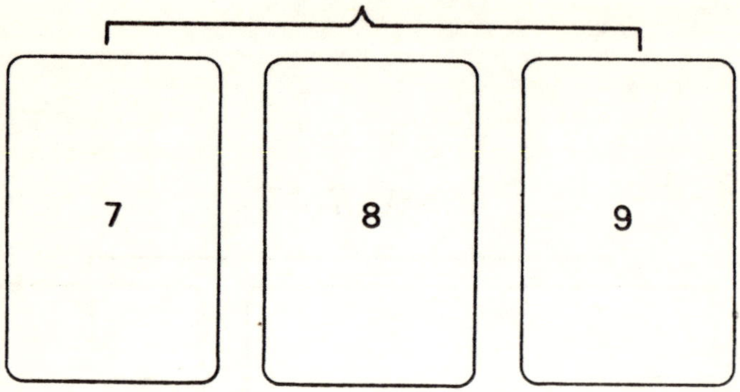

IMPRÉVUS

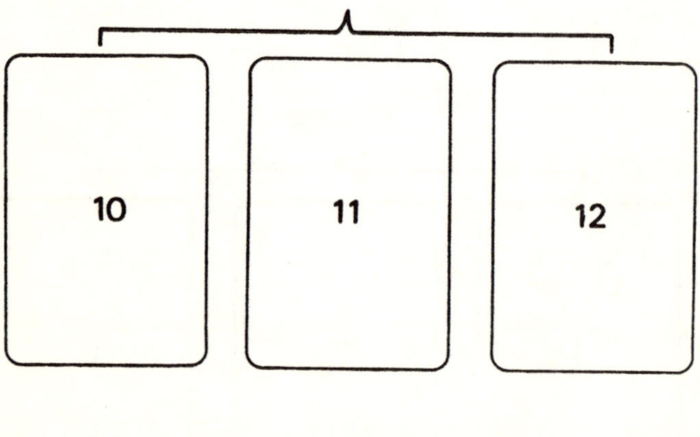

PREMIER EXERCICE

Supposons que la personne qui consulte soit un jeune célibataire (blond) et que les septièmes cartes tirées soient, dans l'ordre, les :

1. Sept de Trèfle ;
2. Huit de Cœur ;
3. Neuf de Pique ;
4. Dame de Pique ;
5. Valet de Trèfle ;
6. Huit de Carreau ;
7. Roi de Cœur ;
8. Roi de Trèfle ;
9. Huit de Pique ;
10. Neuf de Cœur ;
11. Sept de Cœur ;
12. Sept de Pique.

Cela veut dire que la première série de 3 cartes, celle concernant directement le consultant, est composée des :

Le Sept de Trèfle annonce un avantage matériel mineur, la rentrée d'une somme peu importante.

Le Huit de Cœur prédit la rencontre d'une personne susceptible « d'éveiller la flamme » du consultant.

Le Neuf de Pique paraît annoncer que le lien sentimental prédit par le Huit de Cœur ne va pas « faire long feu »...

Dans cet exercice, les cartes qui concernent le foyer du consultant sont :

La Dame de Pique peut désigner la mère du consultant (si celle-ci est veuve ou divorcée) ou constituer le présage d'une dispute.

Le Valet de Trèfle fait allusion au frère du consultant (ou bien à un jeune homme brun vivant sous son toit), à quelqu'un doué pour les affaires.

Le Huit de Carreau paraît apporter une précision au sujet de la personne symbolisée par le Valet de Trèfle, prédisant à celle-ci un prochain voyage d'affaires.

Dans cet exemple, les activités générales du consultant sont en rapport avec les :

Le Roi de Cœur désigne un ami ou n'importe qui d'autre (un homme, en tout cas) prêt à épauler le consultant.

Le Roi de Trèfle, à son tour, peut attirer l'attention sur quelqu'un pouvant sérieusement aider la personne qui consulte, plus précisément dans sa carrière.

Le Huit de Pique fait état de certains obstacles (sur le plan professionnel, probablement) et on en déduira que ceux-ci peuvent être surmontés, grâce, justement, à l'appui des deux personnages (influents) symbolisés par les Roi de Cœur et Roi de Trèfle.

Dans cet exemple, les imprévus sont annoncés par les cartes suivantes :

Le Neuf de Cœur prédit un fort succès inopiné (selon toute probabilité, en amour, puisque la carte voisine, elle aussi, appartient à la famille des Cœur).

Le Sept de Cœur, symbole d'une jeune fille, dans ce contexte précis, représente la personne qui comble les vœux du consultant, à un moment où celui-ci ne s'y attend nullement.

Le Sept de Pique, en raison du voisinage de deux cartes incontestablement bénéfiques (des Cœur !) perd toute signification négative et ne peut que confirmer le succès sentimental annoncé.

Interprétation définitive

En conclusion, on peut dire au consultant :

– Attendez-vous à une prochaine rentrée d'argent. Il s'agit d'une somme modique, vous devrez patienter en ce qui concerne les gains importants... Sur le plan sentimental, votre proche avenir se présente sous de bons auspices. Apparemment vous aurez, pour commencer, une aventure qui va vous redonner confiance, en vous, puis vous rencontrerez une jeune personne susceptible de jouer dans votre vie un rôle relativement important et fort bénéfique... Au sujet de votre entourage familial, les cartes signalent l'impact exercé par une dame veuve ou divorcée, votre mère peut-être. Près d'elle, un jeune homme très dynamique semble absorbé par d'intenses activités professionnelles et va être amené à effectuer, sous peu, un bref voyage d'affaires. Il s'agit de votre frère, ou bien un proche parent, ou encore de vous-même, si personne d'autre ne subvient aux besoins de votre mère. On peut penser, en tout cas, que ce jeune homme, symbolisé par le Valet de Trèfle, travaille avec acharnement, surtout pour assurer le bien-être de la femme qui occupe une place primordiale dans votre foyer, votre mère, je présume... Selon les cartes, des difficultés se présentent ou se présenteront dans votre vie professionnelle. Mais vous n'avez ou n'aurez aucune raison de vous décourager, car les obstacles en question sont surmontables. Deux personnages influents vous épauleront et vous pouvez sortir de l'impasse. Il semble que l'un de ces hommes compte parmi vos amis. Vos rapports avec l'autre peuvent être moins intimes, mais il s'agit, n'importe comment, d'une personne très bien disposée à votre égard... Sur tous les plans, vous pouvez donc envisager votre avenir avec optimisme. Même si, dans l'immédiat, les choses ne devaient pas se décanter, tout finirait par s'arranger d'ici quelques mois.

Remarques

La réponse a délibérément accentué les messages positifs. L'absence de tout As laisse supposer qu'aucun événement extraordinaire n'améliore la vie du consultant (imaginaire) de façon sensible, mais il fallait donner un exemple, pour que, dans un cas semblable, vous sachiez comment remonter le moral de ceux qui en auraient besoin... Quoi qu'il en soit, il était licite de brosser un tableau plutôt rose, puisque les cartes n'annonçaient pas de contrariétés majeures et encore moins de calamités.

Vous l'avez remarqué, le Valet de Trèfle n'a pas été interprété uniquement en conformité avec ses significations traditionnelles. On a envisagé l'hypothèse que cette carte se réfère au consultant lui-même, bien qu'il soit blond. Pourquoi ? « Parce qu'il ne faut jamais s'en tenir absolument à la lecture pure et simple des cartes : il est possible et, parfois même, indispensable de prendre la liberté d'élargir leurs attributions, chaque fois que les circonstances l'exigent. » L'essentiel est, dans ce cas, de procéder avec circonspection, sans s'éloigner des significations traditionnelles de la carte. Ainsi, pour ce qui est de l'exercice en question, le Valet de Trèfle illustrant, avant tout, un jeune homme actif et professionnellement doué, la couleur des cheveux devient un élément secondaire ; on peut présumer que la lame parle du consultant et non de quelqu'un de son entourage familial immédiat.

Il convient, en somme, d'adapter le symbolisme des diverses cartes au contexte précis de leur emplacement (consultant, foyer, activités générales, imprévus), en écoutant la voix de la logique. Affirmer que le Valet de Trèfle était en rapport, obligatoirement, avec le frère (ou un proche parent) du consultant, eût été absurde, car rien ne prouvait sa présence au foyer...

DEUXIÈME EXERCICE

Partons de l'hypothèse qu'une jeune femme blonde (d'une vingtaine d'années) tire les septièmes cartes suivantes :

1. Dame de Trèfle ;
2. Valet de Pique ;
3. Dix de Pique ;
4. Neuf de Trèfle ;
5. As de Trèfle ;
6. As de Cœur ;
7. Sept de Trèfle ;
8. Roi de Trèfle ;
9. Dame de Carreau ;
10. Dix de Cœur ;
11. Roi de Pique ;
12. Dame de Pique.

La consultante est donc décrite par les :

La Dame de Trèfle est synonyme d'une femme à l'esprit terre à terre, douée pour les affaires.

Le Valet de Pique signale la présence d'un personnage mal disposé envers la consultante.

Le Dix de Pique peut préciser que les activités du jeune homme symbolisé par le Valet de Trèfle sont liées à la notion de nuit...

Le foyer de la consultante étant illustré par les :

il est à présumer que :

- le Neuf de Trèfle confirme le rôle primordial de l'argent dans la vie de la consultante ;
- l'As de Trèfle met en relief les bons augures du neuf de Trèfle, sur le plan financier ;
- l'As de Ceur désigne le foyer de la consultante comme lieu de bonheur stable.

Les activités générales de la consultante sont éclairées par les :

Le Sept de Trèfle fait état d'un gain mineur.
Le Roi de Trèfle semble symboliser un mari riche.
La Dame de Carreau signale l'appui considérable qu'une femme peut fournir à la consultante, dans le contexte professionnel.

Pour les imprévus, nous trouvons les :

Le Dix de Cœur annonce un heureux événement inattendu.
Le Roi de Carreau désigne une personne jouant un rôle primordial dans la vie professionnelle de la consultante.
La Dame de Pique peut se référer à une femme hostile à la consultante, toujours dans le contexte professionnel...

Interprétation définitive

La réponse suggérée peut être la suivante :
– Selon les cartes, la chance vous sourit en matière d'argent, un domaine qui paraît constituer, actuellement, le

centre de vos préoccupations. Vous êtes une femme très douée pour les affaires ou, du moins, pour tout ce qui touche à votre carrière. Vous avez cependant intérêt à ne pas négliger votre vie sentimentale et, plus précisément, à vous choisir un partenaire affectif avec un soin analogue à celui dont vous savez faire preuve lorsqu'il s'agit de questions financières ou professionnelles. Si je ne me trompe pas, vous fréquentez ou vous êtes en rapport avec un homme – théoriquement jeune –, dont la profession implique un travail nocturne ou, du moins, il s'agit de quelqu'un plutôt noctambule. Le fait est que, d'après les cartes, cette personne peut éventuellement vous nuire ou, n'importe comment, ne pas vous être particulièrement bénéfique... En ce qui concerne votre foyer, vous n'avez rien à craindre, les cartes annoncent des conditions matérielles et affectives les meilleures possibles... De même, votre avenir se dessine très favorablement dans le cadre de votre travail. Vous aurez, prochainement, un petit avancement ou une amélioration de votre situation, ce qui vous permettra de mieux patienter, en attendant des satisfactions majeures. N'importe comment, vous paraissez bénéficier de l'appui d'une femme jouant un rôle considérable dans votre carrière, et de celui d'un homme ayant dépassé la trentaine. Ce dernier peut avoir des intentions disons « sérieuses » à votre égard et, ne serait-ce que par sa situation financièrement solide, il doit être pris en considération, si vous recherchez une union dictée par le bon sens... Quant aux imprévus, une bonne surprise vous attend. Un problème quelconque, qui paraît ou paraîtra sans issue, va être subitement résolu, selon les cartes, grâce à l'un de vos supérieurs hiérarchiques ou bien avec le concours d'une personne ayant un rôle primordial dans votre carrière. L'action bénéfique de cet homme élimine les conséquences fâcheuses des intrigues ou rivalités d'une femme faisant partie de votre entourage professionnel...

Remarques

On s'est bien gardé de faire savoir à la consultante que la

Dame de Trèfle la désignait comme une personne beaucoup trop attachée à l'argent (la froisser eût été peu convenable).

Le danger signalé par le Valet de Pique a été exprimé avec un certain tact : il fallait éviter une définition trop préjudiciable du personnage (maléfique) symbolisé par la carte et laisser à la consultante le soin d'apprécier la situation...

Le Roi de Trèfle a été envisagé sous deux aspects. Premièrement, en tant que personne pouvant jouer un rôle (considérable ?) dans la carrière de la consultante. Deuxièmement, en tant que partenaire (amant, mari ?) virtuel. La première interprétation était motivée, surtout, par l'ensemble des cartes tirées (5 sur les 12 lames étant des Trèfle), ainsi que par le contexte spécifiquement professionnel où la carte se trouvait (série de 3 cartes relatives aux activités en général). Si, en revanche, le Roi de Trèfle avait été dans le voisinage immédiat de la Dame de Trèfle (parmi les 3 cartes liées à la consultante elle-même), on aurait pu y voir, sans équivoque, la représentation du partenaire (sentimental) de la consultante et ne pas être obligé d'émettre une telle hypothèse avec une certaine réserve.

TROISIÈME EXERCICE

Imaginons que la personne souhaitant être éclairée au sujet de son proche avenir soit une femme (brune) d'environ trente-cinq ans, qui tire pour septième carte les :

1. Dame de Carreau ;
2. Dix de Carreau ;
3. Dix de Cœur ;
4. Sept de Carreau ;
5. Neuf de Cœur ;
6. Valet de Trèfle ;
7. Neuf de Trèfle ;
8. Roi de Trèfle ;
9. Roi de Cœur ;
10. Roi de Carreau ;
11. Valet de Pique ;
12. Sept de Trèfle.

La consultante serait donc désignée par les :

La Dame de Carreau parle ici de soutien assuré sur le plan professionnel.

Le Dix de Carreau peut confirmer le rôle primordial du travail dans la vie de la consultante, du moins au cours des six mois à venir, précisant qu'elle se trouve à la veille d'un choix important à faire.

Le Dix de Cœur annonce une tournure favorable et inattendue, certainement sur le plan professionnel, les cartes voisines étant, toutes les deux, des Carreau.

Pour le foyer, nous trouvons :

Le Sept de Carreau met en relief l'importance des activités professionnelles et confirme l'éventualité d'un changement en ce domaine.

Le Neuf de Cœur, à son tour, paraît signaler une modification (considérable) en matière de travail et encourage toute initiative en ce sens.

Le Valet de Trèfle peut faire allusion à l'influence (bénéfique) d'un proche parent...

Les activités, en général, sont illustrées par :

Le Neuf de Trèfle, plus qu'à un profit mineur, peut se référer à une circonstance propice pour réaliser une association d'affaires, d'autant qu'il est suivi par le :

Roi de Trèfle, symbole, en ce contexte précis, d'une personne pouvant garantir un appui valable (dans le domaine de l'argent).

Le Roi de Cœur peut représenter un homme susceptible de favoriser la (nouvelle) carrière de la consultante, non seulement par simple sympathie, mais par amour...

Les imprévus sont annoncés par :

Le Roi de Carreau paraît se référer à la personne dont dépend la consultante, sur le plan professionnel.

Le Valet de Pique met en garde contre l'éventualité d'une action préjudiciable.

Le Sept de Trèfle semble préciser qu'un concours de circonstances favorables permet de minimiser les préjudices subis, en raison de l'avertissement du Valet de Pique...

Interprétation définitive

Compte tenu de la prédominance de l'aspect professionnel et financier (parmi les 12 cartes tirées, 4 appartiennent à la famille des Trèfle et 4 à celle des Carreau !), la réponse à la consultante peut être la suivante :

– Votre préoccupation principale concerne le travail. D'après les cartes, vous serez tentée par un changement important en ce domaine. Si vous vous décidez à un tel changement, votre initiative peut vous assurer certains avantages, mais pas tout de suite. Le succès arrive ultérieurement et à l'improviste... Apparemment, vous avez ou vous allez faire part de votre dilemme professionnel aux personnes faisant partie de votre foyer. Un jeune homme, votre frère ou un proche parent, quelqu'un, en tout cas, qui a beaucoup de sens pratique, vous encourage à effectuer ce changement, et ses conseils peuvent vous être de grande utilité... Quoi qu'il en soit, si vous prenez l'initiative en question, vous pourrez bénéficier du soutien de deux hommes influents, fort bien disposés à votre égard. Il n'est pas exclu que l'un d'eux éprouve envers vous des sentiments dictés par l'amour. En principe, il s'agit d'un homme d'âge moyen ayant une chevelure claire. Pour terminer, je signale que, selon les cartes, vous aurez à faire face, dans un proche avenir, à une difficulté imprévue, toujours sur le plan professionnel : peut-être un différend relativement important entre vous et une personne jouant un rôle considérable dans votre travail. Il est prévisible, en tout cas, qu'il n'en résulte rien d'irréparable, tout finit par rentrer dans l'ordre...

Remarque

En dépit de multiples éléments bénéfiques, on n'a pas pris la liberté de conseiller catégoriquement un changement de situation. Une telle prudence est due, d'une part, à l'absence d'As et, d'autre part, au souci habituel de ne pas influer sur la décision à prendre...

QUATRIÈME EXERCICE

Supposons le cas d'un homme marié d'une quarantaine d'années, qui tire les septièmes cartes suivantes :

1. Neuf de Pique ;
2. Dix de Carreau ;
3. As de Carreau ;
4. Roi de Trèfle ;
5. Roi de Carreau ;
6. Dix de Pique ;
7. As de Pique ;
8. Sept de Trèfle ;
9. Sept de Pique ;
10. As de Trèfle ;
11. As de Cœur ;
12. Dame de Carreau.

Nous avons donc, pour le consultant :

Le Neuf de Pique fait état d'un obstacle assez important, mais pouvant être surmonté ou contourné.

Le Dix de Carreau (d'autant qu'il est suivi par une lame également de la famille des Carreau) paraît à la fois préciser que l'obstacle signalé concerne le travail et annoncer un choix à faire dans le contexte professionnel ou encore constituer le présage d'un voyage d'affaires.

L'As de Carreau, référence on ne peut plus directe à la carrière du consultant, fait espérer le succès...

Le foyer est décrit par :

Le Roi de Trèfle désigne le consultant lui-même (il s'agit d'un homme ayant atteint la maturité) et peut en outre préciser que ses activités (ou prédispositions) relèvent du domaine de la créativité artistique.

Le Roi de Carreau symbolise une personne dont le consultant dépend sur le plan professionnel et qui, par la même occasion, a un rôle important dans sa vie familiale.

Le Dix de Pique implique soit une activation, soit la notion de vie nocturne...

Les activités en général sont éclairées par :

L'As de Pique annonce quelques événements importants dans le contexte professionnel (contrat ?).

Le Sept de Trèfle signale le concours de circonstances propice, par rapport à l'événement prédit par la carte précédente.

Le Sept de Pique confirme l'aspect bénéfique de la situation dans son ensemble, puisqu'il suit une lame de bon augure.

Les imprévus sont la compétence de :

L'As de Trèfle est synonyme de grand succès.

L'As de Cœur, à son tour, annonce une tournure favorable inattendue.

La Dame de Carreau désigne une femme bien disposée à l'égard du consultant.

Interprétation définitive

– D'après les cartes, vous vous trouvez à la veille d'un tournant important sur le plan professionnel, qu'il s'agisse d'un élargissement notable de vos activités ou bien d'un voyage d'affaires – à l'étranger, probablement – qui ne manquera pas d'aboutir à des modifications majeures dans votre travail. Des difficultés notables se présentent, au début, mais vous finissez par les vaincre, cela paraît certain. Possibilité d'un métier pouvant être exercé chez vous. En tout cas, les cartes signalent que votre profession – directement ou indirectement liée à l'art – touche de très près votre foyer, et il se peut, aussi, qu'une personne de votre entourage familial immédiat y joue un rôle important, contribuant, entre autres, à l'amélioration de votre productivité... Si nous consultons les cartes suivantes, il se confirme qu'une évolution en mieux est prévisible dans votre carrière. S'agit-il d'un contrat de première importance ? Les cartes précisent seulement que les conditions idéales sont réunies pour que vous puissiez faire un grand pas en avant. Indépendamment de tout ceci, une très bonne surprise vous attend, toujours dans le domaine professionnel. Vous obtenez une grande satisfaction morale ou matérielle, en partie grâce au soutien d'une femme...

Remarques

La présence relativement rare des quatre As constitue, en elle-même, un excellent présage.

La prédominance des Trèfle et des Carreau (en contraste avec l'apparition d'un seul représentant de la famille des Cœur) laisse supposer la nature essentiellement professionnelle (et financière) des principales préoccupations du consultant. (Voilà pourquoi, au lieu d'être rattaché à la vie sentimentale, l'As de Cœur fait l'objet d'une interprétation lui attribuant la signification de succès dans le travail.)

Pour ce qui est du Dix de Pique, on peut penser qu'il spécifie la nature nocturne du travail (à domicile) du consultant, car situé à proximité immédiate du Roi de Trèfle (lame désignant le consultant). Placée à la droite du Roi de Carreau, la carte paraît dégager, plutôt, une autre de ses significations : celle de l'activation.

***

Le moment est venu de mettre en relief le caractère subjectif des interprétations définitives suggérées dans le cadre des divers exercices. Sachez-le, en lisant les cartes, vous n'êtes nullement obligé de souscrire pleinement aux conclusions qui vous sont présentées. Bien au contraire, vous devez considérer celles-ci comme purement indicatives, destinées à faciliter votre propre démarche logique en cartomancie.

En fait, dans la pratique, vous êtes toujours aidé par la personne qui vous demande d'agir en tant que cartomancien (ou cartomancienne) : sa physionomie, son comportement, ses éventuelles confidences vous permettent de saisir, l'intuition aidant, l'orientation la plus judicieuse de la démarche divinatoire. L'important est de ne jamais négliger le symbolisme spécifique de chaque carte, mais d'y voir une charpente. A vous de terminer la construction, selon des critères conseillés par le bon sens.

⁂

CINQUIÈME EXERCICE

Pour terminer cette série d'exercices effectués par la méthode « Proche avenir », voici l'hypothèse d'une consultante du troisième âge ayant tiré les septièmes lames suivantes :

1. Dix de Pique ;
2. Neuf de Carreau ;
3. Roi de Trèfle ;
4. As de Carreau ;
5. As de Trèfle ;
6. Neuf de Cœur ;
7. As de Pique ;
8. Roi de Cœur ;
9. Dame de Cœur ;
10. Huit de Trèfle ;
11. Dix de Cœur ;
12. As de Cœur.

Sont donc directement en rapport avec la consultante les cartes suivantes :

Le Dix de Pique peut indiquer la très prochaine arrivée de ce qui est annoncé par la lame suivante.

Le Neuf de Carreau signifie une contrariété ou un obstacle plus ou moins grand.

Le Roi de Trèfle peut symboliser soit un homme (d'âge moyen) impliqué dans la contrariété (obstacle) dont il s'agit, soit la personne (bénéfique) susceptible d'aplanir les difficultés annoncées.

Le foyer est placé sous d'excellents auspices

L'As de Carreau propose une vision extrêmement positive de la situation de la consultante ou de celle de son conjoint (de son ami, si elle est veuve ou divorcée).

L'As de Tréfle, également, figure comme gage de prospérité.

Le Neuf de Cœur, aussi, fait état de succès.

Les activités en général sont illustrées par les cartes suivantes :

L'As de Pique annonce une démarche importante (une vente, par exemple).

Le Roi de Cœur semble indiquer que la transaction en question se fait avec un homme digne de confiance.

La Dame de Cœur peut désigner une amie de la consultante. Compte tenu du contexte, il s'agit, peut-être, de la compagne de l'homme auquel se réfère le Roi de Cœur.

Les imprévus, à leur tour, ne laissent rien à craindre :

Le Huit de Trèfle fait allusion à une jeune femme (brune).

Le Dix de Cœur parle d'un dénouement à la fois heureux et inattendu.

L'As de Cœur semble préciser que la joie résultant de l'événement annoncé par la carte précédente n'est pas de courte durée...

Interprétation définitive

La réponse aux inquiétudes de la consultante peut être la suivante :

– Rassurez-vous, les cartes vous annoncent uniquement de bonnes choses. Il est vrai, vous pouvez avoir une assez forte contrariété, dans un avenir prochain, mais celle-ci ne se solde pas par des inconvénients majeurs. Au foyer, la sécurité semble régner, vous n'avez à craindre aucun ennui d'argent, et tout porte à croire que votre bonheur n'est pas perturbé par quoi que ce soit. Bien au contraire, même au cas où vous vous disputez avec une personne de votre entourage immédiat, la réconciliation ne tarde pas à avoir lieu... Si mon interprétation est juste, vous réglerez prochainement une affaire importante, il s'agit d'une vente en viager, peut-être, ou de tout autre contrat. Selon les cartes, la ou les personnes avec qui vous traitez sont dignes de confiance. Il se peut qu'il s'agisse d'un couple, ou d'une amie dont les conseils vous sont d'un grand secours... Indépendamment de tout ceci, une très bonne surprise vous attend, probablement en rapport avec une jeune femme ou une jeune fille brune, grâce à qui quelque affaire embrouillée se dénoue heureusement de façon inespérée. Il en résulte, pour vous, une grande satisfaction morale et peut-être également matérielle. Quoi qu'il en soit, vous avez de bonnes raisons de vous estimer comblée...

Remarques

En abordant le problème évoqué par le Neuf de Carreau, le rôle qu'un homme d'âge moyen (symbolisé par le Roi de Trèfle) pouvait y jouer éventuellement a été délibérément passé sous silence. Compte tenu du contexte, cette carte peut désigner tant la personne avec qui la consultante a eu un différend que celle dont l'intervention a permis l'arrangement prévisible grâce à l'ensemble des 12 cartes. Dans le doute, il paraît préférable de faire une prédiction plutôt vague, mais axée sur l'orientation positive du tirage, qui comporte non moins de 4 As, ainsi qu'une forte majorité d'autres cartes bénéfiques.

Au sujet de la Dame de Cœur, il a été spécifié que cette carte peut représenter soit la compagne de la personne désignée par le Roi de Cœur, soit une amie de la consultante, ceci afin de diminuer les risques d'une interprétation erronée. (En tout cas semblable, lorsque deux attributions différentes sont possibles, il est préférable d'en faire part à la personne qui consulte.)

Quant aux trois dernières cartes interprétées, la présence de deux lames de la famille des Cœur laissait supposer que le bonheur inattendu annoncé a été de nature affective (joie familiale, etc.), mais on a également pris en considération les attributions essentiellement financières des Trèfle en général. Voilà pourquoi était envisagée l'éventualité d'une satisfaction à la fois morale et matérielle.

⁂

Avant de continuer, il convient de signaler que chaque fois que la méthode « Proche avenir » (ou bien une de celles avec lesquelles vous allez vous familiariser ultérieurement) n'éclaircit pas suffisamment un aspect ou un détail déterminés, vous avez la possibilité de faire appel à la méthode « Réponse à une seule question », pour y voir plus clair...

LES ÉVÉNEMENTS MARQUANTS

Voici une méthode impliquant l'interprétation de 15 cartes. Elle offre l'avantage d'explorer à la fois le passé, le présent et le futur.

Comment s'y prendre

1. La personne concernée (vous-même ou bien celle qui s'adresse à vous) garde dans la main gauche le jeu des 32 cartes, pendant quelques minutes, puis les bat, en pensant de façon intense au problème qui la préoccupe le plus à ce moment-là.

2. Il faut retirer du jeu la carte qui symbolise le consultant (ou la consultante) et la placer au milieu de la table. Il s'agit, selon le cas, de l'une ou l'autre des cartes suivantes :

- le Huit de Cœur pour une femme à la chevelure claire n'ayant pas atteint la trentaine ;
- le Huit de Trèfle pour une femme à la chevelure foncée n'ayant pas atteint la trentaine ;
- la Dame de Cœur pour une femme à la chevelure claire d'âge moyen ;
- la Dame de Trèfle pour une femme à la chevelure foncée d'âge moyen ;
- la Dame de Carreau pour une femme du troisième âge ;
- le Valet de Cœur pour un homme à la chevelure claire ayant moins de trente ans ;
- le Valet de Trèfle pour un homme à la chevelure foncée ayant moins de trente ans ;
- le Roi de Trèfle pour tout homme d'âge moyen, qu'il soit blond, brun (ou roux) ;
- le Roi de Carreau pour un homme du troisième âge.

La carte ainsi retirée du jeu ne donne pas lieu à interprétation, mais elle sert, en quelque sorte, de « poteau indicateur ». En effet, on place à sa droite les cartes censées donner la réponse au problème majeur d'actualité, tandis que les lames relatives au passé et au futur sont rangées, respectivement au-dessus et au-dessous de la carte désignant la personne qui consulte (tout ceci sera expliqué en détail et illustré, un peu plus loin).

3. Poser le paquet des 31 cartes restantes sur la table (face en dessous). En commençant par celles placées en haut, les retirer 3 par 3. A ce stade, trois possibilités peuvent se présenter :

- les 3 cartes n'appartiennent pas à la même famille (ex. : 1 Carreau, 1 Cœur et 1 Trèfle) ;
- 2 des 3 cartes sont de la même taille (ex. : 2 Cœur et 1 Pique) ;
- les 3 cartes sont apparentées (ex. : 3 Carreau).

Dans le premier cas, ranger les 3 cartes à sa droit, face en dessous.

Dans le deuxième cas, placer la carte « étrangère » à sa droite (toujours face en dessous) et en faire autant avec la moins puissante des deux lames de la même famille (si, par exemple, vous avez un Roi de Carreau, un Valet de Trèfle et un Sept de Trèfle, rangez à votre droite le Roi de Carreau et le Sept de Trèfle). La troisième carte, la plus puissante des deux de la même famille, il faut la poser à sa gauche, toujours face en dessous (pour en revenir à l'exemple donné plus haut, la carte placée à votre gauche serait le Valet de Trèfle).

Dans le troisième cas, c'est-à-dire si les 3 cartes sont de la même famille (ex. : Dame de Cœur, Valet de Cœur et Sept de Cœur), placer la plus puissante (ici, la Dame de Cœur) à votre gauche et les deux autres à votre droite, toujours face en dessous.

Détail important : qu'il s'agisse de n'importe laquelle de ces trois éventualités, posez les lames ultérieurement sélectionnées par le même procédé sur les cartes déjà posées à votre gauche ou à votre droite.

4. Une fois les 31 cartes triées 3 par 3, il vous en reste une, que vous placez en haut du tas constitué à votre droite.

5. Servez-vous des cartes se trouvant à votre droite, pour les recompter par 3, en continuant d'ajouter au paquet qui se trouve à votre gauche les lames sélectionnées selon le principe décrit précédemment (phase 3), en rangeant les autres à votre droite.

DISPOSITION DES 15 (16) CARTES

1er rang PASSÉ LOINTAIN Troisièmes cartes tirées sur cinq	3	8	13	
2e rang PASSÉ RÉCENT Premières cartes tirées sur cinq	1	6	11	
3e rang PROBLÈME ACTUEL MAJEUR Cinquièmes cartes tirées et placées à la droite de celle symbolisant la personne qui consulte	X	5	10	15
4e rang PROCHE AVENIR Deuxièmes cartes tirées sur cinq	2	7	12	
5e rang AVENIR LOINTAIN Quatrièmes cartes tirées sur cinq	4	9	14	

qu'on a beau compter et recompter les 21 cartes par 3, il est impossible d'en trouver une seule pouvant être ajoutée à

6. Répétez l'opération décrite au paragraphe précédent autant de fois que nécessaire, jusqu'à ce que le nombre des cartes à votre gauche atteigne 15.

7. Après avoir retourné les 15 cartes sélectionnées (tas de gauche), groupez-les par 5 et, chaque fois, disposez-les comme indiqué sur l'illustration de la page suivante. Ce qui signifie que la première des 5 cartes comptées trouvera sa place au rang au-dessus de la lame symbolisant la personne qui consulte, la deuxième au-dessous de celle-ci, etc., et chaque cinquième carte au même rang que celle désignant le consultant ou la consultante.

8. Faisant abstraction de la carte symbolisant la personne qui consulte (Huit de Cœur ou Dame de Cœur, etc.), interprétez les 5 séries de 3 cartes chacune en conformité avec la valeur attribuée à chaque rangée :

1er rang : passé lointain ;
2e rang : passé récent ;
3e rang : problème majeur actuel ;
4e rang : proche avenir,
5e rang : avenir lointain.

Les chiffres indiqués dans les cases de l'illustration qui suit signifient l'ordre dans lequel elles doivent être posées.

PREMIER EXERCICE

Supposez que la consultante soit une blonde ayant moins de trente ans. Après lui avoir fait battre les 32 cartes du jeu, retirer la lame qui la symbolise (le Huit de Cœur), la poser au milieu de la table. Puis, retournant vers la table les 31 cartes restantes, les compter par 3 afin de constituer, à gauche et à droite, les 2 tas de lames dont le premier devra comporter 15 cartes.

Un problème peut se présenter : arrivé au stade où 10 cartes se trouvent à gauche et 21 à droite, il n'est pas exclu que le tas de droite se compose, uniquement, de cartes « étrangères » par série de 3, ce qui voudrait dire celles rangées à gauche. Que faire ?... Eh bien, dans tous les cas semblables, sans toucher aux 10 cartes déjà sélectionnées, il faut que la personne concernée (vous-même ou autrui) batte à nouveau les 21 cartes non retenues, afin de procéder à un nouveau comptage de ces cartes dans un ordre différent...

Continuons : l'obstacle a été éliminé, le nombre des cartes du tas de gauche atteint 15 (tôt ou tard, on y arrive, même s'il faut battre à nouveau les cartes, puis recompter par plusieurs fois les cartes non retenues) et supposons que ces 15 cartes, *comptées de bas en haut,* c'est-à-dire dans l'ordre de leur tirage, soient :

1. La Dame de Cœur (à ranger au-dessus de la carte qui symbolise la consultante, soit à la première place du deuxième rang) ;
2. Le Roi de Pique (à ranger au-dessous de la carte symbolisant la consultante – le Huit de Cœur, en ce cas précis –, soit à la première place du quatrième rang) ;
3. Le Neuf de Trèfle (à ranger à la première place du premier rang) ;
4. le Roi de Cœur (à ranger à la première place du cinquième rang) ;
5. La Dame de Trèfle (à ranger à la droite de la carte désignant la consultante, soit à la deuxième place du troisième rang) ;
6. Le Dix de Carreau (à ranger à la deuxième place du deuxième rang) ;
7. Le Valet de Pique (deuxième place du quatrième rang) ;
8. Le Neuf de Carreau (deuxième place du premier rang) ;
9. Le Roi de Trèfle (deuxième place du cinquième rang) ;
10. L'As de Carreau (troisième place du troisième rang) ;
11. Le Roi de Carreau (troisième place du deuxième rang) ;
12. L'As de Pique (troisième place du quatrième rang) ;
13. L'As de Trèfle (troisième place du premier rang) ;
14. La Dame de Pique (troisième place du cinquième rang) ;
15. L'As de Cœur (quatrième place du troisième rang).

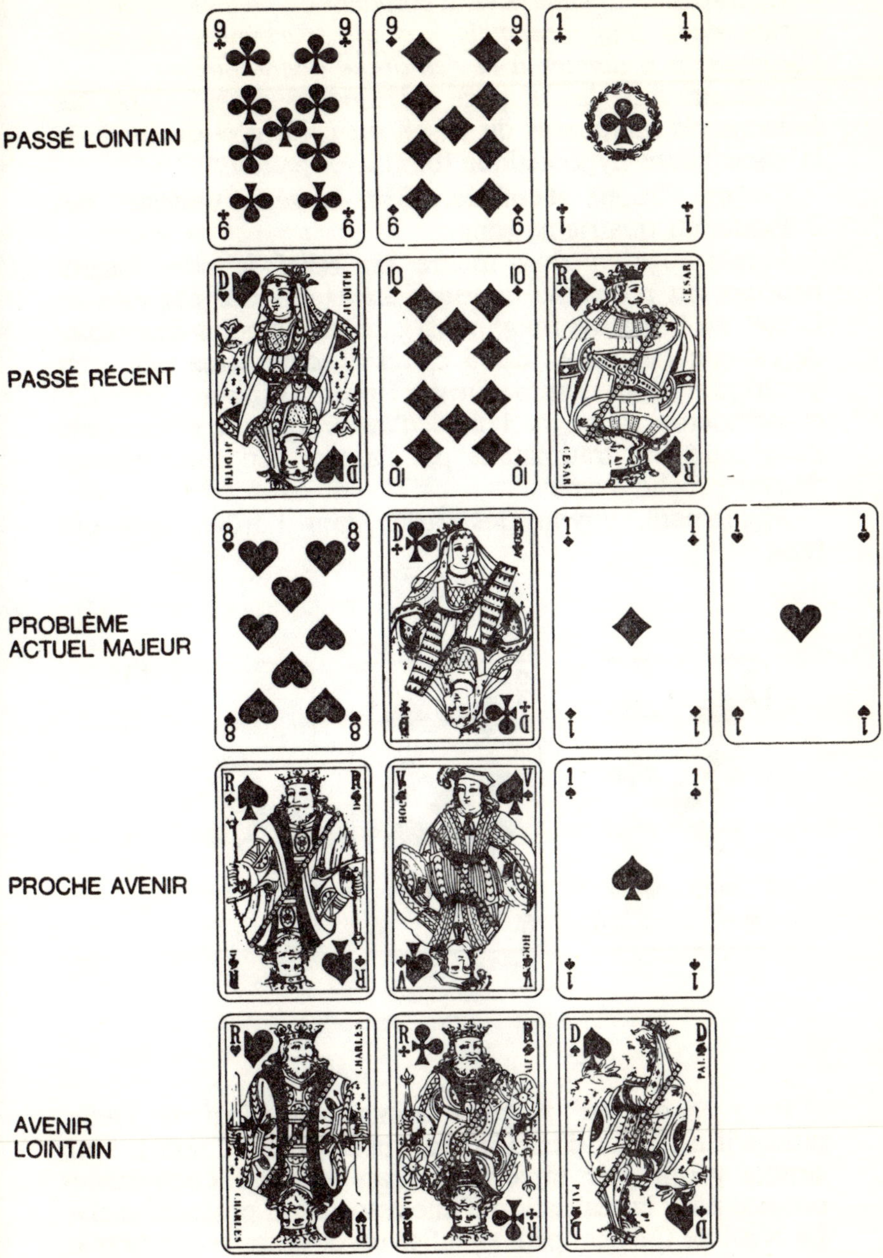
PASSÉ LOINTAIN
PASSÉ RÉCENT
PROBLÈME ACTUEL MAJEUR
PROCHE AVENIR
AVENIR LOINTAIN

La disposition étant faite, il convient de *bien examiner les cartes dans leur ensemble, ce qui permettra de saisir l'orientation à donner à la démarche divinatoire.*

L'illustration de la page précédente révèle donc les événements marquants du passé, du présent et du futur de la consultante hypothétique (blonde et jeune)...

Ce qui frappe d'emblée, c'est la série (néfaste) des 3 Pique, au quatrième rang.

L'interprétation doit mettre en relief le dénouement heureux du problème majeur actuel (annoncé par l'As de Cœur, au troisième rang), ainsi que les éléments favorables de l'avenir lointain (2 des 3 cartes du cinquième rang sont bénéfiques), tout comme l'impact positif du passé (premier et deuxième rang), ceci afin d'éviter que la consultante imaginaire soit traumatisée par l'aspect peu encourageant de son proche avenir...

Maintenant, voyons les cartes dans l'ordre, rang par rang :

Pour ce qui est du passé lointain, le Neuf de Trèfle, puisqu'il est suivi d'un Carreau, peut évoquer non pas un simple profit peu important, mais quelque circonstance propice pour la réalisation d'une association professionnelle. Le Neuf de Carreau peut signifier un obstacle – sur le plan du travail –, tandis que l'As de Trèfle (synonyme de profit majeur, succès, etc.), qui clôt la série, paraît signifier un dénouement heureux...

Quant au passé récent, nous trouvons les :

La Dame de Cœur désigne une amie dévouée. Le Dix de Carreau peut se référer soit à un choix dans le contexte professionnel, soit à un voyage important (d'affaires ?), probablement à l'étranger. Le Roi de Carreau, lui, symbolise le supérieur hiérarchique de la consultante ou toute autre personne ayant un rôle primordial dans son travail.

Le problème actuel, majeur, est illustré, abstraction faite de la carte symbolisant la consultante, par :

La Dame de Trèfle fait allusion à une femme ayant un sens pratique fort développé. L'As de Carreau constitue un présage favorable pour le travail de la consultante (ou celui de l'homme qu'elle aime), tandis que l'As de Cœur annonce le meilleur sur le plan sentimental ou familial.

Le proche avenir (quatrième rang) se dessine par le biais des :

Le Roi de Pique définit un représentant de la loi et implique, en outre, la notion d'un jugement, d'une condamnation. Le Valet de Pique désigne un personnage maléfique (agissant au nom de la loi ou non), mais signale, aussi, une action préjudiciable à la consultante. L'As de Pique peut se référer, normalement, à une importante démarche (professionnelle ou autre), mais, dans ce cas précis, en raison du symbolisme de la première carte de la série, il donne à penser qu'il s'agit de procès...

L'avenir lointain (cinquième et dernier rang) est dépeint par les :

Le Roi de Cœur parle de l'influence bénéfique d'un homme (blond ?) d'âge moyen, qu'il soit amoureux de la consultante ou non. Le Roi de Trèfle signale pareillement le rôle important d'un homme d'âge moyen (un brun, cette fois-ci ?), qui peut être le mari ou l'amant de la consultante (dans les deux cas, par pur intérêt), soit une personne influente quelconque, qui est susceptible de lui être utile, sans exiger, pour autant, une « manifestation concrète » de sa gratitude... La Dame de Pique, enfin, met en garde contre une femme malveillante ou bien annonce une rupture.

Interprétation définitive

A l'examen détaillé des 15 cartes tirées, les propos suivants peuvent être tenus :

– Il y a quelques années déjà, vous avez dû affronter de grandes difficultés sur le plan de votre carrière. Les obstacles étaient nombreux et, parfois, ils paraissaient insurmontables ; cependant, grâce à vous-même et à la chance, vous avez toujours fini par l'emporter... Plus récemment, vous avez réussi à faire un grand pas en avant, réalisant un nouveau départ professionnel, aidée en cela tant par une femme ayant des sentiments d'amitié profonde à votre égard que par un homme jouant un rôle primordial dans votre activité professionnelle... De tels succès doivent vous servir d'exemple : même si, dans l'immédiat, quelque problème majeur vous empêche de progresser, il ne peut s'agir que d'une parenthèse, vous ne manquerez pas de vous en sortir, une fois de plus... Et si jamais vos appréhensions actuelles concernent votre partenaire sentimental, notamment à cause des manigances d'une femme faisant partie de son entourage professionnel, là non plus, il n'y a pas de raisons de vous faire trop de souci, car les cartes annoncent un dénouement heureux... Quant au proche avenir, il n'est pas exclu que vous ayez affaire avec la justice. Peut-être s'agira-t-il, tout simplement, de quelque poursuite banale, à la suite d'une infraction au Code de la route... Mais revenons à ce qui semble être le centre de vos préoccupations : votre travail. Vous allez connaître deux hommes susceptibles de vous être d'un grand secours en ce domaine. L'un d'eux, un blond probablement, éprouve pour vous de l'amour, mais il est à supposer que vous vous intéresserez à lui, tout comme à l'autre, uniquement en fonction de l'appui pouvant être obtenu de sa part, notamment dans une affaire où vous devrez faire face à des difficultés provoquées par une femme veuve ou divorcée.

Remarques

La présence relativement importante des Carreau laisse déduire que la consultante se préoccupe essentiellement de sa situation matérielle, d'autant que le jeu comporte seulement trois Cœur (abstraction faite du Huit de Cœur, symbole de la consultante, en ce cas précis). Puisque l'une de ces trois cartes de la famille des Cœur se réfère à une amie, il y a une raison complémentaire de minimiser le rôle de l'amour, tandis que les quatre Trèfle (synonymes d'argent) paraissent confirmer la justesse de l'orientation générale donnée à l'interprétation.

En déchiffrant les trois cartes du premier rang (passé lointain), la signification négative du Neuf de Cœur a été délibérément retenue (obstacles sur le plan professionnel), afin que le succès signalé par l'As de Trèfle soit considéré comme un précédent apte à laisser espérer la victoire finale en d'autres circonstances semblables...

Au deuxième rang (passé récent), les trois cartes ont paru mettre en valeur le rôle bénéfique de certaines personnes de l'entourage professionnel, constituant, à leur tour, des élements encourageants pour le futur...

Au troisième rang (problème actuel majeur), la signification pouvant être double (référence soit à la carrière de la consultante, soit à celle de son mari ou de son ami), on a cru bon de faire état de l'une et de l'autre des hypothèses : la Dame de Trèfle a été ainsi considérée comme synonyme soit de la consultante elle-même, soit d'une collègue de son partenaire. Dans les deux cas, on a mis en évidence le dénouement favorable annoncé par l'As de Cœur.

Au quatrième rang (proche avenir), l'As de Pique semble se référer plutôt à une procédure légale qu'à autre chose, en raison des cartes qui le précèdent (les Roi de Pique et Valet de Pique), lames laissant supposer un contexte juridique ; on a envisagé la possibilité d'une simple contravention, mais on aurait pu parler de bien plus grave... Seulement alarmer, à quoi bon ?

Les deux rois du dernier rang (avenir lointain) peuvent simultanément signifier des rivaux dans le cadre de la vie privée et (ou) de protecteurs sur le plan professionnel. La première des interprétations paraît appuyée par le Roi de Cœur, la seconde par le Roi de Trèfle. Dans le doute, les deux hypothèses ont été exprimées, bien que en raison de l'aspect général des 15 cartes tirées, la seconde éventualité eût paru plus évidente. En revanche, on a tenu compte uniquement du rôle prépondérant de la carrière dans l'ensemble du jeu pour attribuer à la Dame de Pique une signification liée au travail, alors que, dans un autre contexte, cette lame aurait pu annoncer une rupture (sentimentale) avec l'homme symbolisé par le Roi de Trèfle...

Dans la pratique, en tout cas semblable, votre intuition pourra beaucoup vous aider. Il vous sera possible de sélectionner la meilleure signification à retenir, non seulement par l'observation de la personne qui vous consulte (il est toujours possible de se laisser guider par les caractéristiques visibles et audibles), mais aussi grâce au ... « fluide » qu'elle dégage.

⁂

DEUXIÈME EXERCICE

Cette fois, le consultant imaginaire serait un jeune homme blond (ou châtain clair), symbolisé par le Valet de Cœur, tandis que les cartes tirées dans l'ordre seraient les :

1. As de Carreau ;
2. As de Pique ;
3. Valet de Carreau ;
4. As de Trèfle ;
5. Neuf de Pique ;
6. As de Cœur ;
7. Roi de Trèfle ;
8. Roi de Cœur ;
9. Dame de Cœur ;
10. Neuf de Trèfle ;
11. Valet de Pique ;
12. Dame de Carreau ;
13. Dix de Carreau ;
14. Neuf de Carreau ;
15. Dix de Cœur.

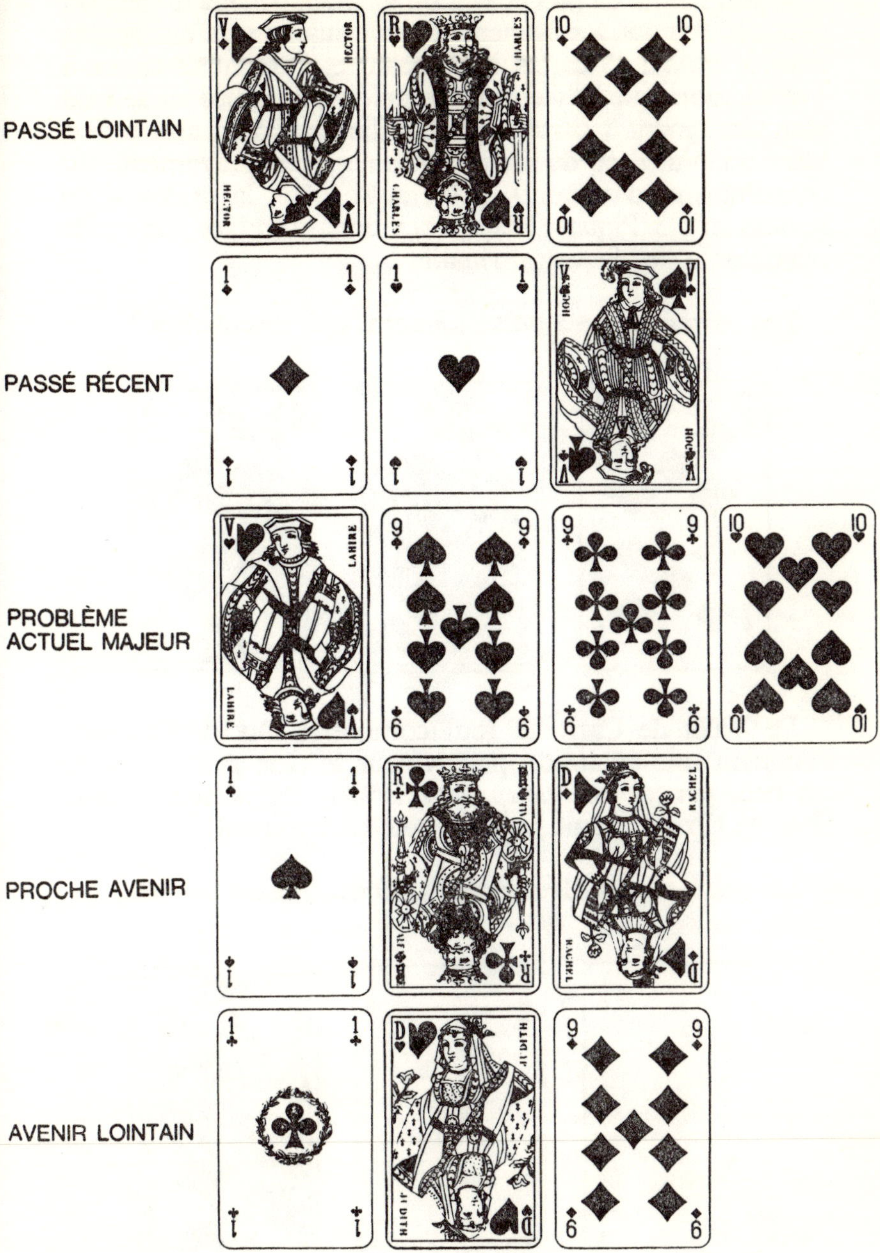
PASSÉ LOINTAIN
PASSÉ RÉCENT
PROBLÈME ACTUEL MAJEUR
PROCHE AVENIR
AVENIR LOINTAIN

Avant même de procéder à un examen détaillé du jeu, on peut déduire que les événements marquants sont en rapport avec le travail (5 cartes à Carreau) et l'argent (3 cartes à Trèfle), alors que la vie sentimentale est reléguée au second plan (seulement 3 cartes de la famille des Coeur, abstraction faite du Valet et du Roi, symboles, respectivement, du consultant et d'un ami). D'un autre côté, la présence de seulement 3 Pique laisse deviner d'emblée le rôle négligeable des facteurs négatifs...

Les cartes liées au passé lointain, que disent-elles ?

Le Valet de Carreau, tout comme le Dix de Carreau, évoquent une évolution positive sur le plan professionnel, un changement *en mieux* dans lequel une personne amie (Roi de Cœur) aurait joué un rôle déterminant.

Le passé récent (deuxième rang) est illustré par les :

L'As de Carreau indique sans doute que la tournure favorable des activités professionnelles (signalée au rang précédent) aboutit à une situation stable, à l'abri de tout souci matériel. Ceci est confirmé par l'As de Cœur, qui signale que le foyer du consultant est placé sous l'égide du bonheur. La seule ombre vient du Valet de Pique, mais l'aspect maléfique de cette carte s'estompe grâce au voisinage des deux as.

Le problème actuel majeur (troisième rang) résulte des :

Le Neuf de Pique représente le prolongement de la contrariété découverte au rang précédent par le Valet de Pique et laisse penser que le consultant est affecté (quelque peu) par une peine d'amour. Le Neuf de Trèfle peut signifier des circonstances propices pour jeter les bases d'une nouvelle union affective, tandis que le Dix de Cœur annonce un dénouement heureux (et inattendu)...

Le proche avenir (quatrième rang) se dessine grâce aux :

L'As de Pique fait allusion à un événement important sur le plan professionnel (et non à un procès), puisqu'il est suivi par le Roi de Trèfle (appui, sur le lieu de travail), ainsi que par la Dame de Carreau, qui symbolise une femme susceptible d'aider le consultant dans sa carrière.

L'avenir lointain (dernier rang) est concerné par :

L'As de Trèfle annonce une importante satisfaction (morale ou matérielle) et la Dame de Cœur symbolise une femme éprise du consultant, alors que le Neuf de Carreau prédit un obstacle, en principe sur le plan professionnel.

Interprétation définitive

La réponse peut être :

– Selon les cartes, vous attribuez plus d'importance à votre réussite professionnelle qu'à vos succès en amour. Votre carrière a sans doute subi une évolution importante et favorable, il y a quelque temps, en partie grâce à l'appui d'un ami dévoué. Ce changement positif s'est confirmé, vous garantissant, entre autres, l'absence de tout souci matériel à la maison... Une contrariété due à une tierce personne vous a cependant affecté tout récemment et vous en êtes encore influencé. L'événement en question est-il en rapport avec votre travail ou avec votre vie privée ? Les cartes n'excluent ni l'une ni l'autre des éventualités. Il paraît certain, en revanche, que des circonstances extrêmement favorables vous permettent de sortir de l'impasse ; votre problème actuel majeur, quel qu'il soit, ne tardera pas à être résolu d'une manière inattendue. En ce qui concerne le proche avenir, là encore, la chance sera avec vous : théoriquement, vous aurez à effectuer bientôt une importante démarche professionnelle et vous serez épaulé par un personnage influent, ainsi que par une femme dévouée à vos intérêts, probablement une personne de votre entourage professionnel. Quant à l'avenir moins proche, un succès considérable vous attend, un profit conséquent sur le plan financier. Il n'est pas exclu qu'il s'agisse de l'apport d'une femme riche, mais parler de mariage d'intérêt serait impropre, puisqu'elle vous aimera sincèrement et sera en position d'aplanir les difficultés, en cas d'éventuels obstacles professionnels ultérieurs...

Remarques

L'interprétation est axée sur la première impression, au moment de l'examen des 15 cartes dans leur ensemble. Les éléments professionnels prédominants du passé ont été soulignés, la portée du facteur négatif (Valet de Pique) a été minimisée...

Pour les cartes occupant le troisième rang (problème

actuel majeur), dans le doute, deux éventualités ont été envisagées : contrariété, soit sur le plan professionnel, soit dans le cadre de la vie privée.

L'avenir lointain (dernier rang) paraît placé sous l'égide à la fois de l'argent et de l'amour, la prédiction arrive donc à la conclusion qui semble s'imposer...

⁂

TROISIÈME EXERCICE

Supposons que la consultante soit une femme (blonde), d'une trentaine d'années (symbolisée par la *Dame de Cœur)* et que les cartes tirées soient, toujours dans l'ordre, les :

1. Roi de Trèfle ;
2. As de Pique ;
3. Roi de Carreau ;
4. Valet de Trèfle ;
5. Dix de Pique ;
6. Dix de Trèfle ;
7. As de Trèfle ;
8. Neuf de Trèfle ;
9. Dame de Carreau ;
10. Neuf de Cœur ;
11. Roi de Pique ;
12. Valet de Pique ;
13. Neuf de Carreau ;
14. Huit de Cœur ;
15. Roi de Cœur.

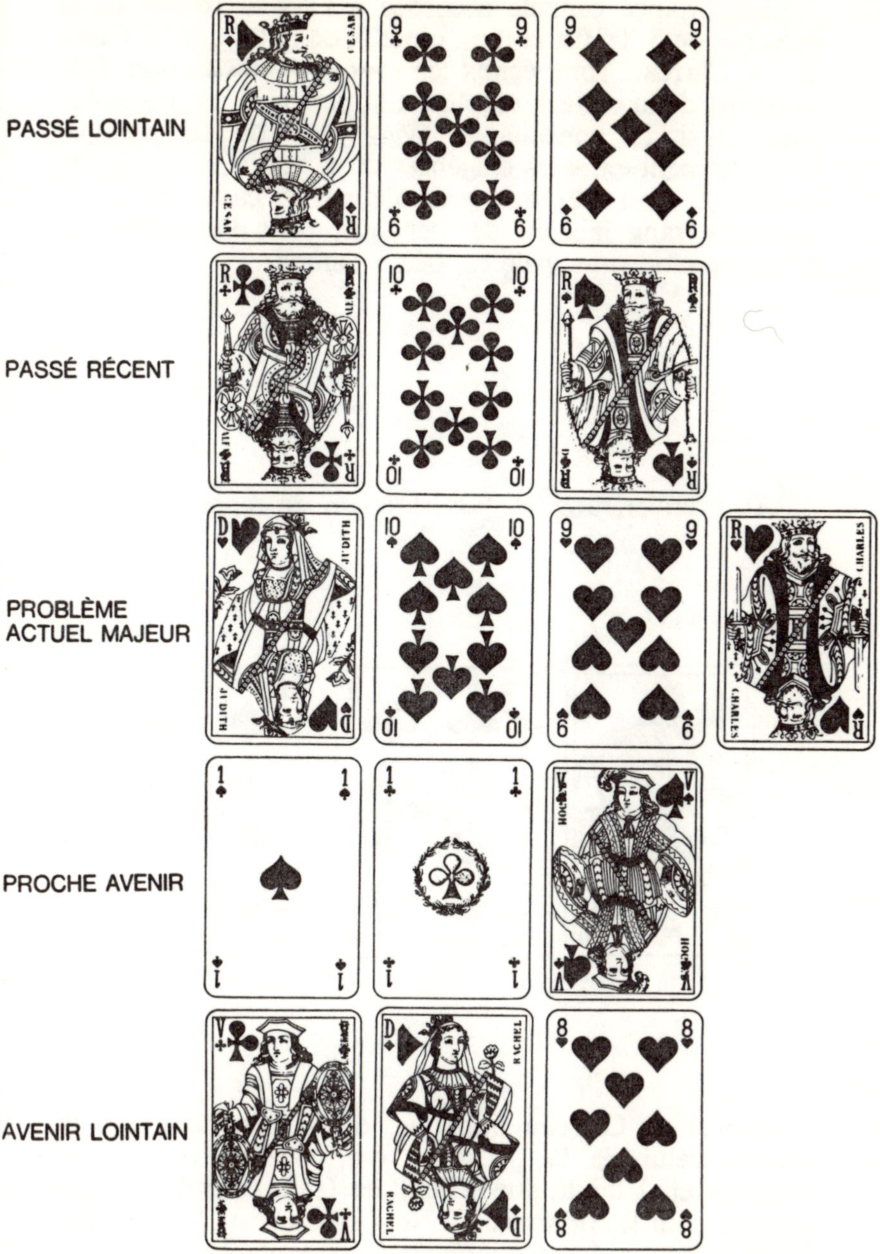
PASSÉ LOINTAIN
PASSÉ RÉCENT
PROBLÈME ACTUEL MAJEUR
PROCHE AVENIR
AVENIR LOINTAIN

L'importance capitale accordée à l'argent résulte de la présence de 5 Trèfle, et il est curieux de noter que les Cœur et les Carreau sont égaux en nombre (abstraction faite toujours, de la carte symbolisant la personne qui consulte), comme si la consultante avait l'art de se partager équitablement entre les exigences de sa vie privée et de son travail, du moins en règle générale, car les cartes situées au troisième rang laissent deviner que, dans l'immédiat, sa préoccupation principale est liée à l'amour.

Au premier rang, le passé lointain est représenté par :

Le Roi de Carreau implique, on le sait, la notion du travail (celui de la personne qui consulte ou de son conjoint, etc.), tandis que le Neuf de Trèfle constitue un bon présage pour les finances. Le Neuf de Carreau, lui, se réfère à des difficultés (professionnelles) surmontables.

Du passé récent parlent, au deuxième rang, les :

Le Roi de Trèfle désigne un homme riche (sur qui la consultante peut avoir des visées). Le Dix de Trèfle signale un important profit. Quant au Roi de Pique, il peut faire allusion à quelque influence néfaste ou symboliser un représentant de la loi.

Le problème actuel majeur est illustré par les :

Le Dix de Pique peut revêtir une double signification : accélération d'une réalisation quelconque ou précision qu'un événement surviendra la nuit. Le Neuf de Cœur constitue un présage favorable à une réconciliation (sentimentale) ou à un nouvel amour. Le Roi de Cœur symbolise un amoureux du deuxième âge.

Pour le proche avenir s'alignent les :

L'As de Pique implique soit un contrat, une importante transaction, soit un procès. L'As de Trèfle est synonyme de succès (surtout dans le contexte financier), tandis que le Valet de Pique entraîne des complications, des ennuis...

L'avenir moins proche se présente par le biais des :

Le Valet de Trèfle désigne un jeune homme (brun) expert en affaires. La Dame de Carreau annonce un appui venant d'une femme dans le contexte professionnel. Le Huit de Cœur peut prédire un amour (profond ou non) ou être, tout simplement de bon augure pour ce qui est de la vie sentimentale.

Interprétation définitive

La « lecture » des diverses cartes tirées donne l'interprétation suivante – à quelques variantes près :

– Votre travail (ou celui de la personne aimée) a considérablement marqué votre passé, vous avez connu des hauts et des bas, mais, dans l'ensemble, la situation financière n'a jamais dû être vraiment critique... Plus récemment, vous avez été sensibilisée par une forte contrariété, soit un dénouement négatif sur le plan juridique, soit une brouille avec un homme disposant de moyens financiers considérables, quelqu'un qui, auparavant, vous aura largement aidée. Quoi qu'il en soit, les cartes relatives à votre problème actuel majeur autorisent l'optimisme. Très prochainement, vous bénéficierez d'un concours de circonstances propices, soit pour vous réconcilier avec cette personne, soit pour jeter les bases d'un nouveau lien qui vous apportera les plus grandes satisfactions. Il se pourrait que cette tournure faste se produise à la faveur du climat euphorisant que dégage la nuit, dans un restaurant, peut-être, ou encore dans un lieu de vie nocturne, mais ceci n'est que détail. Seul compte le fait que, selon les cartes, le problème qui vous préoccupe sera résolu à votre avantage. Indépendamment de cela, votre avenir se présente fort bien. A relativement brève échéance, vous signerez un contrat important ou effectuerez quelque transaction impliquant une somme d'argent considérable. Même si des problèmes devaient se présenter ensuite, rien ne laisse supposer que cette affaire tournera mal pour vous. Ultérieurement, la chance continuera à vous seconder. Sur le plan financier et professionnel, vous compterez sur le concours bénéfique d'un jeune homme vraisemblablement brun – doué pour les affaires, ainsi que sur l'appui d'une femme d'âge moyen, très bien disposée à votre égard. Parallèlement, l'avenir vous réservera une bonne surprise dans le domaine amoureux. D'après les cartes, vous rencontrerez un homme susceptible de vous combler...

Remarques

En parlant du passé lointain, on a envisagé l'éventualité d'une référence du Roi de Carreau au travail du conjoint de la consultante. Les significations respectives du Neuf de Trèfle et du Neuf de Carreau laissaient supposer une alternance de périodes fastes et relativement néfastes...

Lors de l'évocation du passé récent, on a marqué la dualité des significations possibles (affaire juridique ou brouille), le rôle du Roi de Pique n'étant pas suffisamment explicite. Quant au Roi de Trèfle, on a opté pour une formule ambivalente, pour ne pas insinuer que la carte symbolisait un homme à qui la consultante aurait été attachée par pur intérêt.

Abordant le problème majeur actuel, on a tenu compte de l'aspect foncièrement sentimental de la série des cartes présentes (troisième rang), sans se laisser influencer par l'impact des Trèfle et des Carreau précédemment rencontrés. Par la même occasion, soin était pris de préciser la diversité des situations possibles (réconciliation ou nouvelle liaison).

Interprétant les cartes du quatrième rang (proche avenir), non seulement on s'est évertué, dans le doute, à rester vague quant à la nature de l'affaire annoncée par l'As de Pique, mais encore on n'a pas mis en relief le rôle maléfique du Valet de Pique, estimant que la notion négative dégagée par cette dernière carte de la série pouvait être atténuée, grâce à l'influx favorable de l'As de Trèfle, qui la précédait.

Le tableau optimiste de l'avenir lointain est motivé par la nature bénéfique des trois lames du dernier rang. Le contexte pouvait faire penser qu'il y avait là, deux prédictions distinctes (aspect purement matériel des deux premières cartes, en opposition flagrante avec le symbolisme de nature sentimentale du Huit de Cœur).

⁂

Incontestablement, l'exercice comportait plusieurs pièges. Pour éclaircir certains points obscurs, un recours à la méthode « Réponse à une seule question » se serait imposé à maintes reprises. Dans la pratique, en tout cas semblable, n'hésitez pas à faire appel à une telle aide..., mais seulement après avoir terminé l'interprétation de la totalité des 15 cartes tirées.

QUATRIÈME EXERCICE

Cette fois, le consultant imaginaire sera un homme d'âge moyen (symbolisé par le Roi de Trèfle, qu'il soit brun ou non) et les cartes tirées dans l'ordre seraient les :

1. Dix de Pique ;
2. Neuf de Trèfle ;
3. Neuf de Carreau ;
4. Huit de Cœur ;
5. Roi de Carreau ;
6. Dame de Trèfle ;
7. Dame de Carreau ;
8. Neuf de Cœur ;
9. As de Pique ;
10. Valet de Trèfle ;
11. Dame de Pique ;
12. Valet de Pique ;
13. Roi de Cœur ;
14. As de Cœur ;
15. As de Carreau.

Si, comme vous en avez pris l'habitude, vous comparez le nombre des cartes appartenant à telle ou telle famille, vous constatez que les Carreau et les Cœur sont à égalité (4 et 4), tandis que les Trèfle sont représentés par trois lames seulement (à part la carte désignant le consultant) et les Pique par 4 cartes. Vous pouvez donc en déduire que le consultant (imaginaire) est un homme équilibré, sachant attribuer une importance égale à sa réussite professionnelle et à son bonheur sentimental, tout en n'étant pas (trop) chanceux en matière d'argent...

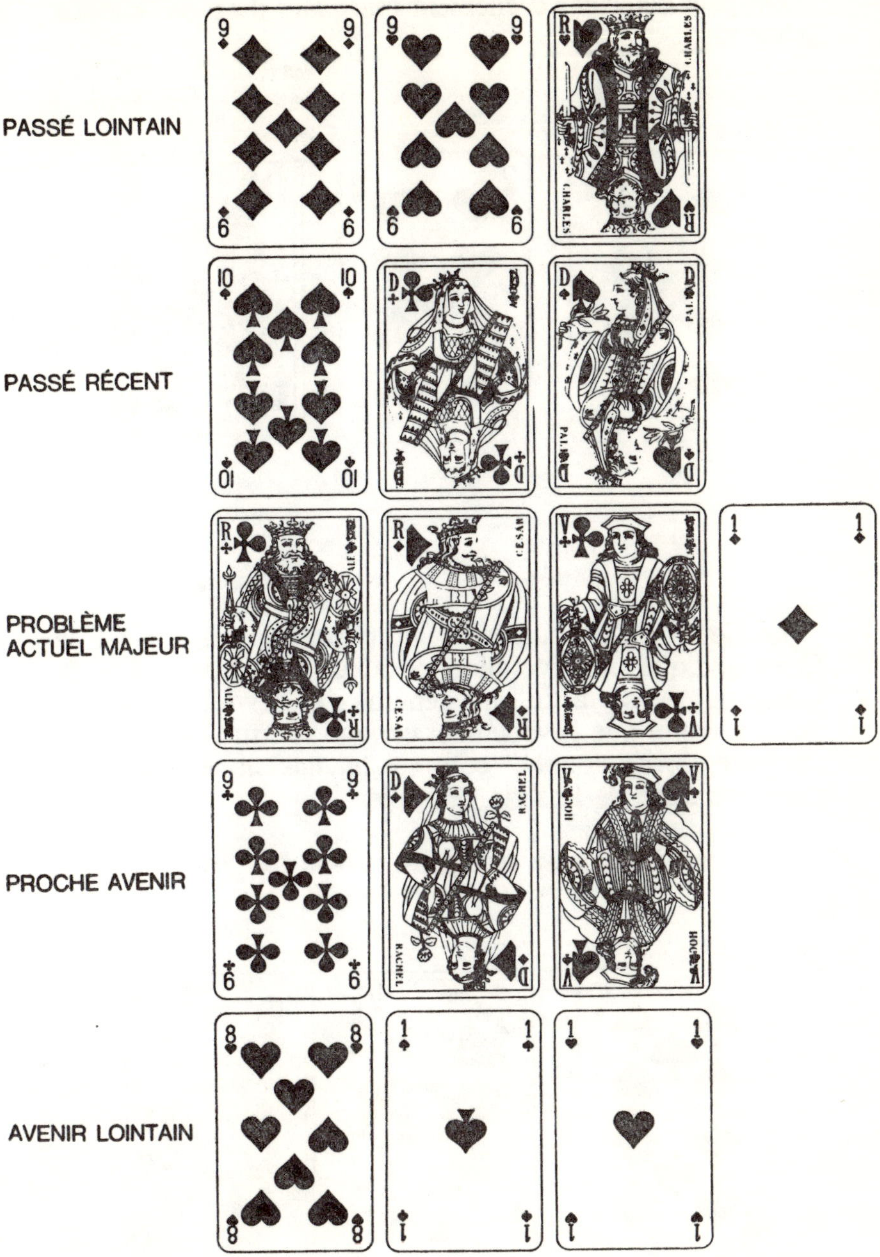
PASSÉ LOINTAIN
PASSÉ RÉCENT
PROBLÈME ACTUEL MAJEUR
PROCHE AVENIR
AVENIR LOINTAIN

On peut détecter l'événement marquant du passé lointain grâce aux :

Le Neuf de Carreau désigne un obstacle, mais le Neuf de Cœur indique une évolution positive, alors que le Roi de Cœur fait penser à un ami généreux et dévoué. Tout cela porte à croire que l'événement évoqué se situe bien dans le contexte professionnel, comme le laissait entendre la première carte de la série des trois.

Le tableau du passé récent est brossé par les :

Le Dix de Pique signifie, à première vue, un lien entre la nuit et la femme symbolisée par la Dame de Trèfle, tandis que la Dame de Pique précise l'aboutissement négatif de l'affaire, la rupture...

La préoccupation majeure immédiate du consultant est traduite par les :

Le Roi de Carreau montre une personne dont l'impact sur les activités professionnelles du consultant sera de première importance. Le Valet de Trèfle désigne un jeune collaborateur, sur le lieu de travail. L'As de Carreau fait comprendre le dénouement heureux de l'affaire...

Le proche avenir est dévoilé par les :

Le Neuf de Trèfle peut avoir deux significations différentes (association professionnelle ou union affective), en raison du voisinage de la Dame de Carreau (future associée ou maîtresse du consultant). Le Valet de Pique indique que l'affaire risque de mal se terminer... dans l'un ou l'autre des cas.

Le futur moins proche se dessine grâce aux :

Point d'orientation, le *Huit de Cœur* définit immédiatement la nature d'ordre sentimental de la prédiction à formuler. L'*As de Pique* s'insère positivement dans le contexte dominé par l'*As de Cœur,* symbole de succès, de bonheur, etc.

Interprétation définitive

Les 15 cartes tirées autorisent la réponse suivante :

– Vous avez eu des difficultés relativement importantes, il y a quelque temps, dans le cadre de votre travail. Vous avez pourtant réussi à surmonter les obstacles et vous avez pris un nouveau départ extrêmement constructif, grâce au concours d'une personne amie. En ce qui concerne le passé récent : vous avez été marqué par la rencontre d'une jeune femme que vous avez connue, peut-être, dans un endroit public, le soir. Quel rôle a-t-elle joué dans votre vie ? Cela n'apparaît pas clairement. Quoi qu'il en soit, selon les cartes, il s'agissait d'une personne intéressée, et vos rapports, qu'ils aient été liés à vos activités professionnelles ou à votre vie privée, auraient fini par aboutir à un échec total, qui n'est bien sûr pas à regretter. Dans l'immédiat, vous semblez vous inquiéter à cause d'un problème de carrière. Il implique soit la rivalité, soit l'appui de l'un de vos collaborateurs, un jeune homme fort capable, qui pourrait être, d'ailleurs, assez ambitieux. Qu'il soit ami ou ennemi, ceci a finalement peu d'importance, car tout porte à croire que l'issue sera positive, vous n'aurez donc aucune raison de vous faire du souci... Passons au proche avenir. Vous aurez sans doute à affronter, bientôt, une situation délicate, en rapport avec une femme qui fait partie de votre entourage professionnel. Un lien affectif ? Peut-être. Il est certain, en tout cas, que cette femme vous est sincèrement dévouée et que vous devriez faire de votre mieux pour conserver ne serait-ce que son amitié. Voilà pourquoi vous devez rester sur vos gardes, ne pas laisser vos rapports se détériorer par suite des agissements d'un tiers malveillant... Pour ce qui est de l'avenir moins proche, le plus grand optimisme est permis. Vous pourrez rencontrer une femme qui change votre vie sentimentale dans le bon sens, un bonheur stable vous attend, en compensation des adversités du passé...

Remarques

Un commentaire ne s'impose pas à propos des cartes (suffisamment explicites) du premier rang.

Interprétant les lames du deuxième rang (passé récent), l'éventuel double aspect (professionnel ou sentimental) de la Dame de Trèfle a été signalé, en précisant bien que la femme symbolisée par cette carte paraît être « intéressée », raison pour laquelle l'auteur a pris la liberté d'ajouter que le consultant n'avait nullement à déplorer le dénouement négatif signifié par la Dame de Pique.

Au sujet du problème actuel majeur (troisième rang), il faut, dans l'incertitude, envisager les deux hypothèses relevant, ici, du Valet de Trèfle : rival ou collaborateur loyal.

Le pronostic du proche avenir (quatrième rang) tient compte du double rôle éventuel de la Dame de Carreau. Puisqu'il s'agit d'une femme incontestablement bénéfique, on a alerté le consultant, pour qu'il se tienne à l'écart de la personne maléfique désignée par le Valet de Pique, que la nature de ses rapports avec cette femme soit affective ou non.

Pour l'avenir lointain, la prédiction part du postulat que le consultant est libre d'attaches sentimentales. Dans la pratique, en présence d'un homme dont on ne sait pas s'il a une femme dans sa vie ou non, il convient de ne pas lui annoncer aussi catégoriquement le pronostic d'une future rencontre pouvant signifier la fin de sa liaison actuelle...

CINQUIÈME EXERCICE

Le consultant hypothétique, un homme du troisième âge (symbolisé par le Roi de Carreau) obtiendrait, dans l'ordre, les :

1. As de Cœur ;
2. As de Trèfle ;
3. Roi de Trèfle ;
4. As de Pique ;
5. Roi de Cœur ;
6. Dame de Cœur ;
7. Dix de Pique ;
8. Valet de Trèfle ;
9. As de Carreau ;
10. Dix de Trèfle ;
11. Neuf de Trèfle ;
12. Dame de Carreau ;
13. Roi de Pique ;
14. Dame de Trèfle ;
15. Valet de Cœur.

PASSÉ LOINTAIN

PASSÉ RÉCENT

PROBLÈME
ACTUEL MAJEUR

PROCHE AVENIR

AVENIR LOINTAIN

D'emblée, l'importance de l'argent est frappante (6 Trèfle !), mais il est curieux de noter, aussi, le plan affectif (4 Cœur), ainsi que le nombre limité des Carreau (2 seulement, à part la lame symbolisant le consultant). Ce dernier détail, à la réflexion, est normal : ne s'agit-il pas d'une personne d'âge mûr, dont on peut supposer qu'elle a pris sa retraite ?... Quant aux facteurs négatifs, le nombre restreint des Pique (3) paraît assez éloquent.

Le passé lointain est évoqué par les :

Le Roi de Trèfle désigne un homme d'âge moyen, à la situation financière stable, dont la profession serait liée à une créativité artistique. Le Valet de Trèfle symbolise un jeune « arriviste ». Le Roi de Pique se réfère à une affaire judiciaire.

Le passé récent est éclairé par les :

L'As de Cœur représente le beau fixe qui règne dans le domaine affectif. La Dame de Cœur désigne une femme généreuse et digne de confiance (aimée ou non). Le Neuf de Trèfle peut signifier un avantage matériel quelconque ou une circonstance propice dans le travail, mais il serait plutôt en rapport, ici, avec les 2 Cœur qui le précèdent, mettant en relief l'aspect positif de l'union évoquée plus haut.

Font allusion au problème actuel majeur les :

Le Roi de Cœur indique la présence d'un ami digne de ce nom. Le Dix de Trèfle constitue un présage heureux, en matière d'argent. Le Valet de Cœur fait allusion à un jeune ami très serviable.

L'événement marquant du proche avenir est révélé par les :

L'As de Trèfle annonce une importante satisfaction d'ordre matériel, à coup sûr, puisque la Dame de Carreau (symbole d'une amie faisant partie de l'entourage professionnel) n'est pas loin. Entre ces deux cartes bénéfiques, le Dix de Pique semble précipiter l'événement réjouissant prédit par la première lame...

L'avenir moins proche fait l'objet d'un oracle exprimé par les :

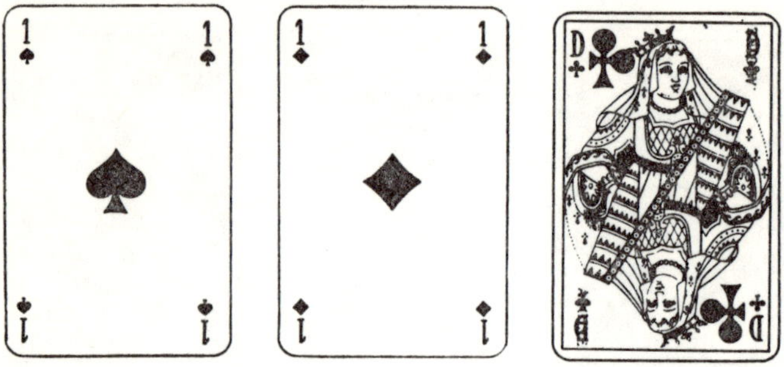

L'As de Pique est en rapport avec une affaire importante et revêt une signification positive, en raison du voisinage immédiat de l'As de Carreau (succès sur le plan professionnel), grâce aussi à la Dame de Trèfle, dont le symbolisme s'attache à la notion de l'argent.

Interprétation définitive

Sans oublier que le consultant imaginaire est un homme âgé, la réponse peut être exprimée ainsi :

– Un procès de nature spécifiquement financière a joué un rôle considérable en votre vie. Les personnes impliquées étaient, selon les cartes, un homme d'âge moyen dont la profession libérale était plus ou moins liée au domaine artistique, ainsi qu'un jeune homme ayant un sens prononcé des affaires. Même s'il en reste un mauvais souvenir, une compensation a sans doute résulté des satisfactions de la vie privée, notamment grâce à une compagne riche en qualités morales, une personne qui vous est sincèrement dévouée... Il se pourrait que, dans l'immédiat, un problème d'argent vous préoccupe. Peut-être avez-vous prêté une somme relativement importante à des amis et le remboursement tarde-t-il ? Eh bien, d'après les cartes, votre inquiétude est dénuée de fondement... En fait, à aucun moment la chance ne vous tourne le dos longtemps en matière d'argent ; vous devriez en avoir une preuve supplémentaire sous peu. Grâce au concours d'une femme très dynamique, vous obtiendrez une large satisfaction dans le domaine financier. Ultérieurement, vous connaîtrez à nouveau ce type de satisfaction, puisque les cartes font allusion à une autre affaire importante, appelée à se solder pour vous par des profits appréciables, en partie grâce à l'intervention d'une femme qui défendra vos intérêts avec autant d'ardeur que s'ils étaient les siens...

Remarques

On a pris soin de ne pas (trop) « broder » autour de l'affaire juridique évoquée au premier rang, celle-ci paraissant plutôt ténébreuse...

En faisant allusion au contexte familial présenté de façon positive par les lames du deuxième rang, on a insisté sur le côté affectif, négligeant délibérément l'interprétation du Neuf de Trèfle (mentionner que la femme désignée par la Dame de Cœur ait pu assurer un soutien financier au consultant aurait été peu élégant).

Quant au problème actuel majeur, le Dix de Trèfle autorise la prédiction d'un dénouement heureux, d'autant que les 2 Cœur représentaient des amis sincères.

En abordant le proche avenir, l'As de Trèfle donne l'impression de symboliser une affaire d'argent (et non une satisfaction purement morale), à cause de la présence de la Dame de Carreau.

Le contexte défini par les trois dernières cartes interprétées justifiait, à son tour, un optimisme sans réserve, notamment en permettant de désigner la femme symbolisée par la Dame de Trèfle comme une personne bénéfique.

LES OBSTACLES A VAINCRE

La méthode implique l'interprétation de 20 cartes et a l'avantage de mettre en relief les obstacles prévisibles, tout en offrant la possibilité d'explorer à la fois le passé, le présent et le futur, comme la méthode décrite au chapitre précédent.

Comment s'y prendre

1. La personne qui consulte « chauffe », puis bat les 32 cartes, en se concentrant sur sa (ses) préoccupation (s) majeure (s).

2. Le consultant (ou la consultante) retire du jeu 20 cartes, successivement, 4 par 4.

3. Avec les 5 séries de 4 cartes, on constitue une croix, comme l'indique la première des deux illustrations qui suivent, en prenant soin de garder les lames face au dessous.

4. Retourner les 5 paquets de cartes, afin de disposer les lames conformément à la seconde illustration.

5. Procéder à l'interprétation, en tenant compte des attributions spécifiques de chaque série de 4 cartes.

PREMIÈRE DISPOSITION DES 20 CARTES

à tirer au hasard

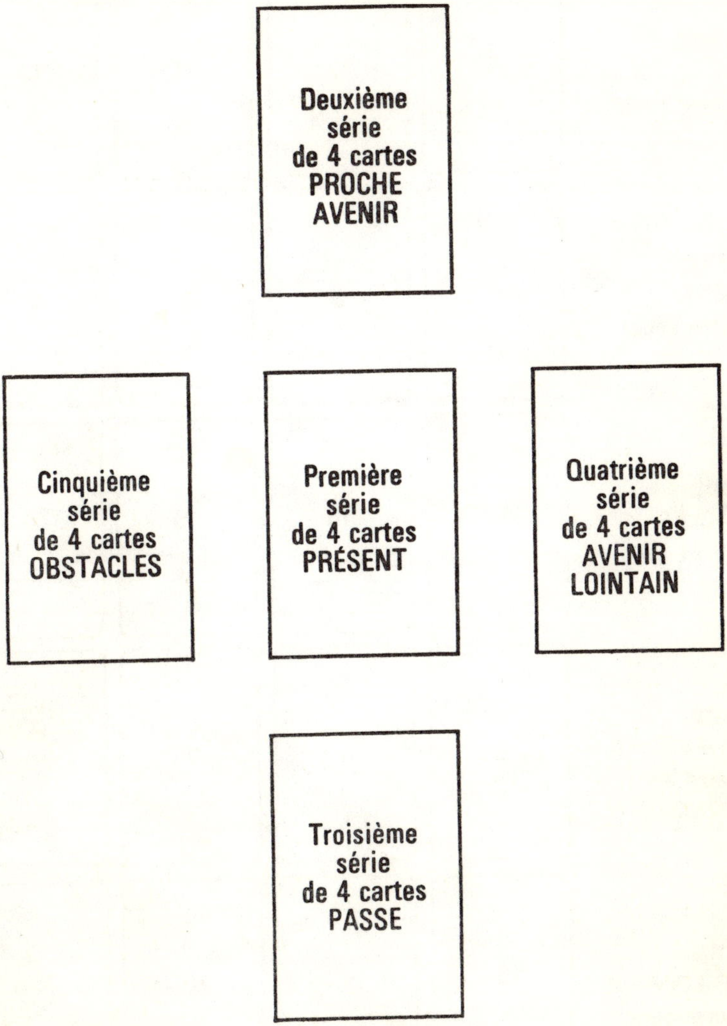

DEUXIÈME (ET DÉFINITIVE) DISPOSITION DES 20 CARTES

1er rang PASSÉ (Troisième série)	9	10	11	12
2e rang PRÉSENT (Première série)	1	2	3	4
3e rang OBSTACLES (Cinquième série)	17	18	19	20
4e rang PROCHE AVENIR (Deuxième série)	5	6	7	8
5e rang AVENIR LOINTAIN (Quatrième série)	13	14	15	16

Les chiffres dans les cases correspondent à l'ordre de tirage.

Vous l'avez vu, les 4 premières cartes tirées (Présent) constituent le centre de la croix. Après avoir été retournées, elles doivent être placées, dans l'ordre, de gauche à droite, au deuxième rang de la disposition définitive.

La seconde série de 4 cartes (Proche avenir) forme d'abord un paquet au-dessus de celui composé par les 4 premières lames tirées, puis le quatrième rang de la disposition définitive.

La troisième série est placée, pour commencer, en dessous du premier tas de cartes, puis (s'agissant du Passé) est disposée de façon à constituer le premier rang de la disposition définitive.

La quatrième série (Avenir lointain) posée, au début, à la droite de la première, devient ensuite le dernière rangée de la disposition définitive.

La cinquième série de 4 cartes (Obstacles) est d'abord mise à la gauche de la première série, puis elle trouve sa place au troisième rang de la disposition définitive.

⁂

Vous avez l'impression, peut-être, que cette méthode est compliquée. En fait, elle l'est moins que la précédente : nul besoin de recompter les cartes par 3 pour sélectionner celles qui doivent être interprétées, et il n'est pas nécessaire, non plus, de retirer la lame symbolisant le consultant ou la consultante. A part ceci, le passé est présenté globalement et, si le futur continue à être nuancé (avenir proche et lointain), 4 cartes ont le rôle spécifique de signaler les obstacles majeurs...

PREMIER EXERCICE

Imaginons que la personne qui consulte soit une femme (blonde) ayant moins de trente ans et que les cartes tirées soient, dans l'ordre, les :

1. Dix de Pique ;
2. Sept de Trèfle ;
3. Huit de Carreau ;
4. Huit de Pique ;
5. Sept de Cœur ;
6. Roi de Cœur ;
7. Valet de Carreau ;
8. Dame de Pique ;
9. As de Carreau ;
10. Sept de Pique ;
11. Dame de Cœur ;
12. Valet de Cœur ;
13. As de Trèfle ;
14. Roi de Trèfle ;
15. Huit de Trèfle ;
16. Roi de Pique ;
17. Dix de Cœur ;
18. Neuf de Cœur ;
19. Valet de Pique ;
20. Neuf de Trèfle.

La disposition définitive de toutes ces lames est donc celle indiquée sur l'illustration de la page suivante...

Comme dans le cadre des exercices de la méthode « Les événements marquants » (15 cartes), la lecture des lames est effectuée progressivement, rang par rang, mais, au lieu de procéder à l'interprétation définitive après les avoir toutes examinées, pour faciliter les choses, on les interprète au fur et à mesure, successivement, dans l'ordre :

1. PASSÉ ;
2. PRÉSENT ;
3. OBSTACLES ;
4. PROCHE AVENIR ;
5. AVENIR LOINTAIN.

JUDITH
LAHIRE
CHARLES
HECTOR

Le *passé* est donc évoqué par les 9e, 10e, 11e et 12e cartes, celles qui se trouvaient dans la partie inférieure de la croix et qui sont disposées, à présent, au premier rang :

On le sait, l'As de Carreau concerne le travail de la consultante (ou celui de son mari ou compagnon). Le Sept de Pique parle soit d'espoir, soit d'adversités, mais peut aussi confirmer le message d'une carte voisine. La Dame de Cœur symbolise une amie sincère, le Valet de Cœur un jeune amoureux.

Cette série de cartes peut faire penser que, dans le cadre de ses activités professionnelles, la consultante a eu quelques complications à cause d'un collègue amoureux d'elle et que tout est rentré dans l'ordre grâce à l'intervention d'une amie.

Si la consultante n'exerce aucun métier, la Dame de Cœur peut évoquer une liaison entre l'homme qu'elle aime et l'une de ses collègues, une éventualité qu'il peut convenir de passer sous silence, à moins que l'on en parle comme d'une affaire classée, ce qui ne donnerait lieu à trop d'inquiétude...

Supposons que la consultante soit, disons, secrétaire ou comptable. Dans ce cas, les cartes sont bien en rapport avec sa carrière et on arrive à la conclusion :

– Si mon interprétation est correcte, vous aviez, et peut-être avez-vous toujours, une excellente situation, mais, à un moment donné, il s'en est fallu de peu que les choses se détériorent en raison de la présence d'un jeune collègue épris de vous. Heureusement, grâce au concours d'une amie vous avez réussi à éviter le piège...

*
**

Quant au *présent*, s'y réfèrent les 4 premières cartes tirées (celles qui, après avoir constitué le noyau central de la croix, se trouvent alignées au deuxième rang) :

Le Dix de Pique confirme une rentrée d'argent (ou une circonstance financière propice) annoncée par le Sept de Trèfle, tandis que le Huit de Carreau peut signifier soit un petit voyage (professionnel ou pas), soit un accroissement de travail, ou encore un changement de faible importance dans les activités professionnelles. L'ennui vient du Huit de Pique, présage de maladie ou d'autres inconvénients imprévus.

On peut en déduire que la consultante, animée par le désir d'accroître ses revenus, fait des heures supplémentaires ou a des activités professionnelles complémentaires, s'exposant ainsi à une maladie due au surmenage...

Il faut donc conseiller :

– Si vous souhaitez ne pas avoir de problèmes de santé, faites de votre mieux pour ne pas vous surcharger de travail, car l'argent n'est pas tout, et ce serait vraiment dommage de miner votre organisme pour gagner un peu plus que d'habitude...

Les *obstacles* à vaincre sont signalés, au troisième rang, par les :

Avant d'aller plus loin, il convient d'attirer l'attention sur le dilemme : *doit-on partir du principe que les cartes de la série font allusion à des obstacles en un seul domaine précis ou faut-il les interpréter séparément* (les Cœur uniquement pour la vie affective, les Trèfle pour l'argent, les Carreau pour la carrière, les Pique pour la santé...) ? *Il n'y a pas de règle.* Chaque fois, il faut soit opter pour l'une ou l'autre des solutions, soit les retenir toutes les deux. Votre choix est dicté par le contexte. Comme d'habitude, l'intuition et la logique sont vos meilleures alliées...

Le Dix de Cœur étant symbole de tournure positive inattendue, le Neuf de Cœur synonyme de réussite, de réconciliation, etc., le Neuf de Trèfle pareillement de bon augure, les contrariétés à craindre ne sont pas énormes, d'autant que le Valet de Pique n'est pas le plus maléfique des cartes de sa famille...

Quoi qu'il en soit, pour commencer, procéder comme si le choix avait été porté sur une interprétation concernant uniquement la vie affective (autrement dit, comme si la présence des 2 Cœur avait dicté le sens à donner à l'ensemble des 4 cartes). Le Valet de Pique représente alors un jeune homme qui est le rival du partenaire sentimental de la consultante et les trois autres cartes, par leurs significations bénéfiques respectives, permettent de prédire :

– L'équilibre de votre union affective peut être compromis à cause d'un jeune homme que vous connaissez déjà ou que vous allez connaître. Il n'est pas exclu qu'il soit à l'origine d'une brouille avec votre partenaire actuel, mais on peut espérer qu'une réconciliation s'ensuive, d'une manière totalement inattendue...

Si, par contre, on présume l'existence de deux obstacles de nature distincte (l'un en rapport avec la vie privée, du fait des Cœur, l'autre avec l'argent, à cause de la présence d'un Trèfle), le Valet de Pique peut faire référence à un contexte fiscal ou similaire, d'où l'opportunité de formuler la (double) prédiction :

– Les obstacles qui se présentent à vous ne paraissent pas insurmontables. Tout finit par s'arranger, qu'il s'agisse d'une contrariété plus ou moins grande dans votre vie sentimentale ou d'un problème impliquant une certaine somme d'argent. Pour ce qui est de l'amour, vous pouvez vous attendre à une réconciliation ou à n'importe quel autre dénouement favorable inopiné. Dans le domaine financier : si vous deviez avoir un problème impliquant un huissier, un inspecteur des impôts ou même un escroc quelconque, là encore, selon les cartes, vous finiriez par vous en sortir à votre avantage...

Il reste à étudier les cartes spécifiquement destinées à parler du futur. Que soient examinées d'abord les 4 lames du quatrième rang, porteuses de messages relatifs au *proche avenir* :

Le Sept de Cœur se réfère soit à un enfant (ou à un jeune garçon, ou encore à une jeune fille), soit à une modification peu importante au sein de la vie familiale. Le Roi de Cœur représente un homme (d'âge moyen) épris de la consultante, le Valet de Carreau une nouvelle ou un changement en rapport avec le travail, tandis que la Dame de Pique symbolise une femme hostile, ou encore une dispute, une rupture ou un acte de vengeance...

A première vue, deux messages distincts pourraient être déchiffrés. Les 2 premières cartes de la série annoncent un changement au foyer, consécutif à l'irruption dans la vie de la consultante de l'homme représenté par le Roi de Cœur. Les 2 autres lames prédisent pareillement du nouveau, mais sur le lieu du travail : des désagréments motivés par la malveillance d'autrui...

Si, en revanche, on établit une corrélation entre les 4 cartes, il est possible de supposer que l'arrivée de l'homme désigné par le Roi de Cœur perturbe non seulement la vie familiale, mais également la situation professionnelle de la consultante, notamment en la rendant plus exigeante, ou moins zélée, moins productive sur son lieu de travail, ce qui éveille ou décuple l'hostilité de la personne dont elle dépend...

Que les deux thèmes soient abordés séparément ou non, le résultat est le même : l'un et l'autre des événements annoncés (le lien sentimental et le changement qui intervient dans le cadre professionnel) demandent à être révélés :

– ... Le proche avenir vous apporte du nouveau. Vraisemblablement, vous connaîtrez un homme susceptible d'assumer un rôle important dans votre vie sentimentale. Selon la carte qui le symbolise, ce sera un être bon et généreux, digne de votre amour. Toutefois, en le fréquentant, ne vous laissez pas accaparer au point de négliger vos devoirs familiaux et professionnels, c'est le conseil que vous donnent les cartes. A propos de profession, je voudrais aussi attirer votre attention sur quelque changement qui risque de se produire dans le cadre de votre travail. Je ne vois pas de quoi il s'agit avec précision, mais je peux vous dire que, même si vous devez faire face à l'hostilité d'une personne de votre entourage professionnel et, qui sait, subir quelque préjudice, tout finira par s'arranger ultérieurement.

Pourquoi cet optimisme final ? A cause des 4 dernières cartes (cinquième rang), celles appelées à brosser un tableau de l'*avenir lointain :*

L'As de Trèfle est synonyme de grand succès et, puisque suivi par deux cartes du même signe, on peut présumer que l'avantage majeur ici annoncé se réfère bien à l'argent et non uniquement à quelque satisfaction purement morale... Le Roi de Trèfle symbolise, en effet, un futur amant (mari ?) très riche. Le Huit de Trèfle désigne la consultante si elle est brune (et peut signifier, dans ce cas, une union durable avec la personne représentée par la carte précédente), mais l'exercice concernant une consultante hypothétique blonde, la lame signale la présence d'une femme (brune) débrouillarde et, en principe, fort intéressée... Le Roi de Pique, lui, semble figurer un mauvais augure (notion de la justice, influence néfaste du passé, etc.).

Une fois de plus, deux éventualités majeures peuvent être envisagées :

– ... Votre avenir lointain se présente sous de bons auspices, spécialement sur le plan financier. D'après les cartes, vous allez bénéficier d'une situation enviable, exempte de soucis d'argent, en partie grâce à l'appui d'un homme fortuné, votre mari, peut-être. Une femme, en principe brune, est également présente dans le jeu. Quel est son rôle exact ? S'agit-il d'une personne ayant occupé ou continuant à occuper une place d'une certaine importance dans la vie de l'homme dont je viens de parler ? Si tel est le cas, il faut voir en elle une rivale pouvant vous nuire. Mais il est également possible que cette femme soit liée à quelque contexte – juridique ou autre – de votre passé et qu'elle vienne vous importuner à ce titre. Quoi qu'il en soit, ses agissements ne doivent pas causer de préjudices pouvant porter atteinte à l'équilibre de votre situation matérielle.

La conclusion plutôt rose de la prédiction s'explique par l'impact des 2 premières cartes de la série : très bénéfiques, les As de Trèfle et Roi de Trèfle étant censés compenser largement l'influx maléfique du Roi de Pique et diminuer l'éventualité d'un rôle néfaste du Huit de Trèfle...

***

Ce premier exercice a fait l'objet d'une élaboration détaillée. Le but était de vous montrer comment surmonter ou contourner les difficultés chaque fois que les cartes se prêtent à des interprétations différentes...

Présumant que vous serez désormais familiarisé avec les coulisses du procédé, il ne paraît pas indispensable que l'exposé des exercices suivants soit aussi circonstancié...

⁂

DEUXIÈME EXERCICE

On suppose que le consultant est un jeune homme (brun) et que les cartes tirées dans l'ordre sont les :

1. Valet de Trèfle ;
2. Roi de Carreau ;
3. Dix de Carreau ;
4. Dame de Trèfle ;
5. Roi de Cœur ;
6. Huit de Trèfle ;
7. Sept de Cœur ;
8. Roi de Trèfle ;
9. Huit de Cœur ;
10. Dix de Trèfle ;
11. Huit de Carreau ;
12. As de Trèfle ;
13. Sept de Trèfle ;
14. As de Cœur ;
15. Dame de Pique ;
16. Dame de Cœur ;
17. Sept de Carreau ;
18. As de Carreau ;
19. Valet de Pique ;
20. Valet de Carreau.

Conformément au procédé indiqué, nous les trouvons placées comme sur l'illustration de la page suivante...

CESAR
HECTOR
CHARLES

Le *passé* du consultant hypothétique est donc évoqué par les :

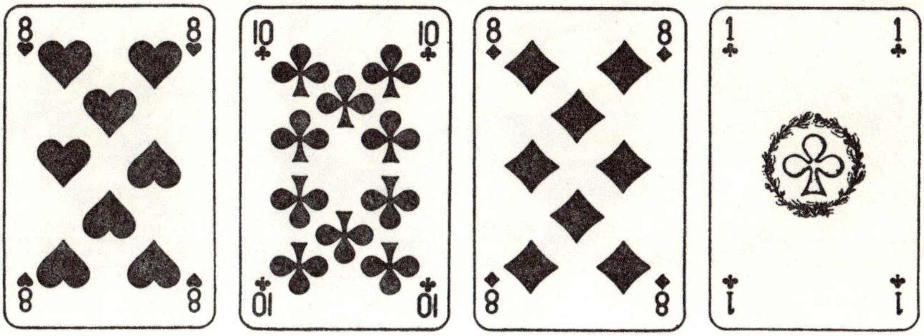

Interprétation suggérée

– Apparemment, l'amour n'a pas joué un rôle primordial dans votre passé, pour des raisons indépendantes de votre volonté, les diverses rencontres ne vous ayant pas permis de connaître la fameuse « âme sœur », disent les cartes. Dans le travail, en revanche, le succès a été votre lot, non seulement parce que la chance vous y a aidé, mais, surtout, grâce aux efforts que vous avez déployés.

Remarques

Compte tenu du contexte, il paraît évident de retenir deux messages distincts : celui du Huit de Cœur (qui, à lui seul, semblait d'ailleurs trop faible pour laisser conclure à quelque lien sentimental pleinement satisfaisant) et celui des 3 autres cartes, lesquelles se référaient, obligatoirement, à la carrière du consultant. Le Dix de Trèfle signalait le concours de la chance, le Huit de Carreau donnait l'impression de faire allusion à un travail intensifié, alors que l'As de Trèfle signifiait l'aboutissement, l'atteinte du but fixé...

Se réfèrent au *présent* les :

Interprétation suggérée

– Vous êtes actuellement en pleine possession des capacités vous permettant de vous affirmer dans votre travail, et les rapports avec la personne dont vous dépendez sont très constructifs. Il est à penser qu'en résulte une ultérieure amélioration de votre situation, d'autant que vous pouvez compter sur l'appui d'une femme de votre entourage professionnel.

Remarques

Le Valet de Trèfle (synonyme de débrouillardise, sens des affaires, etc.) se réfère incontestablement au consultant imaginaire (un brun), tandis que le Roi de Carreau symbolise son supérieur hiérarchique et que le Dix de Carreau est de bon augure pour la carrière. La Dame de Trèfle donne à comprendre que la femme présente dans le jeu n'est pas de nature à « faire des cadeaux », mais laisse supposer un rôle bénéfique, à la lumière des autres lames de la série.

Les *obstacles* sont mis en relief par les :

Interprétation suggérée

– A l'occasion d'un changement majeur, qui survient dans le cadre de vos activités professionnelles, vous pourrez trouver devant vous des obstacles assez ardus, du fait, sans doute, d'un collègue malveillant. Mais tout laisse espérer votre victoire finale...

Remarques

Aussi bien le Sept de Carreau que le Huit de Carreau font allusion à un changement dans le contexte professionnel. La présence de l'As de Carreau permet de conclure au triomphe sur les manœuvres de la personne représentée par le Valet de Pique.

Le *proche avenir* est illustré par les :

Interprétation suggérée

– L'optimisme paraît d'autant plus justifié que, selon les cartes, vous bénéficierez prochainement du soutien d'un ami à la fois influent et généreux, qui vous épaulera en même temps qu'un homme et une jeune femme faisant partie, tous les deux, de votre entourage professionnel.

Remarques

Trois des cartes de ce rang paraissent confirmer les messages antérieurs et s'insérer parfaitement dans le contexte professionnel. Le Sept de Cœur vient, en revanche, comme « un cheveu sur la soupe », voilà pourquoi on l'a passé sous silence...

Pour terminer, voici l'*avenir lointain* prédit par les :

Interprétation suggérée

Ultérieurement, vous arriverez à un stade où gagner beaucoup d'argent ne sera plus le principal de vos objectifs. Si on en croit les cartes, vous vous déciderez à donner une priorité absolue à l'amour, et vous parviendrez effectivement à trouver une compagne pouvant vous rendre heureux. Le tout sera de faire des efforts pour la garder, en dépit des agissements d'une femme, veuve ou divorcée, qui essaiera de s'interposer entre vous et la personne aimée.

Remarques

Le Sept de Trèfle, synonyme de gains mineurs, a été interprété dans un sens abstrait, pour mieux mettre en évidence le message transmis par l'As de Cœur, dont la puissance laisse espérer que la Dame de Pique ne signifie pas (obligatoirement) une rupture avec la femme symbolisée par la Dame de Cœur.

TROISIÈME EXERCICE

On imagine, cette fois, que la consultante est une femme (blonde) d'environ trente-cinq ans et que les cartes tirées sont les :

1. Huit de Carreau ;
2. Neuf de Carreau ;
3. Dame de Cœur ;
4. Sept de Pique ;
5. Roi de Cœur ;
6. Dix de Pique ;
7. Huit de Pique ;
8. Valet de Trèfle ;
9. Dix de Cœur ;
10. Roi de Carreau ;
11. Sept de Cœur ;
12. As de Cœur ;
13. As de Carreau ;
14. Valet de Pique ;
15. Sept de Carreau ;
16. Huit de Trèfle ;
17. Neuf de Pique ;
18. Huit de Cœur ;
19. As de Pique ;
20. Dame de Pique.

Ce qui conduit à une disposition définitive conforme à celle illustrée sur la page suivante.

Comme toujours, on commence par la lecture des cartes du premier rang, celles en rapport avec le *passé :*

Interprétation suggérée

– Votre passé a été marqué, dans un certain sens, par la personne dont vous dépendiez sur le plan professionnel. Selon les cartes, cette personne a largement contribué à l'issue favorable, et inattendu, d'un problème d'ordre sentimental auquel était lié un enfant, le vôtre, peut-être... Grâce à son concours, vous avez fini par bénéficier d'un bonheur stable au foyer.

Remarques

En fait, tout portait à déduire une liaison affective entre la consultante et l'homme symbolisé par le Roi de Carreau, jusqu'à supposer que la paternité de l'enfant désigné par le Sept de Cœur aurait pu lui être attribuée, mais, dans l'incertitude, et aussi par discrétion, il a été préférable d'opter pour une interprétation vague. A défaut d'éléments concrets, il était préférable de mettre en relief uniquement les notions positives dégagées par l'As de Cœur.

CESAR
JUDITH
CHARLES

Le *présent* est élucidé par les :

Interprétation suggérée

– Vos activités professionnelles actuelles impliquent soit un petit voyage, soit un surcroît de travail. Il pourrait s'ensuivre quelque contrariété, mais vous n'avez aucune raison de vous laisser abattre. Au bout du chemin, un espoir se dessine pour vous...

Remarques

On a envisagé deux éventualités pour le Huit de Carreau (voyages d'affaires ou travail accru), mais le Neuf de Carreau ne laisse aucun doute, il annonce bel et bien des ennuis. La Dame de Cœur devient ici, tout simplement, synonyme de la consultante (blonde), tandis que le Sept de Pique signale un espoir, mais, par la même occasion, ne laisse pas oublier une autre de ses significations : nécessité (et possibilité) de faire face aux adversités. Ces adversités, on les a délibérément minimisées, bien que l'abondance des Pique, aux rangs suivants, ne motivait pas un optimisme excessif...

Les *obstacles* sont mis en relief par les :

Interprétation suggérée

– ... Oui, selon les cartes, les difficultés qui vous attendent sont surmontables, qu'il s'agisse de votre profession ou de votre vie sentimentale. L'éclaircie se produit tout d'abord en amour, grâce à un nouveau lien...

Remarques

Aussi bien le Neuf de Pique que la Dame de Pique constituent des présages de rupture. La première de ces deux cartes laisse supposer la fin d'un lien affectif, puisque suivie par le Huit de Cœur (qui annonce un amour nouveau), tandis que la Dame de Pique donne l'impression de signifier la résiliation du contrat auquel fait allusion l'As de Pique. Les propos encourageants sont motivés par les (quelques) éléments positifs des rangs suivants...

Le *proche avenir* est représenté, en effet, par les :

Interprétation suggérée

– ... En revenant à ce que je vous disais à propos de votre vie affective, les cartes confirment qu'une personne vous comblera prochainement. Il s'agirait d'un homme d'âge moyen ayant beaucoup de qualités et, chose primordiale, qui vous aimerait sincèrement. Vous aurez tout intérêt à ne pas tout compromettre en succombant au charme de quelqu'un de plus jeune, que vous seriez susceptible de rencontrer peu après l'avoir connu.

Remarques

Le Roi de Cœur dicte la description de l'amoureux cité en premier lieu, tandis que le Valet de Trèfle inspire le portrait du rival éventuel. Le Dix de Pique précise l'imminence du risque d'une détérioration des rapports, un risque annoncé par le Huit de Pique.

L'*avenir lointain* se profile grâce aux :

Interprétation suggérée

– Les activités professionnelles occupent une place primordiale dans votre avenir moins proche. Votre carrière prend une tournure extrêmement satisfaisante. Il se peut cependant que la sauvegarde de votre situation exige bien des efforts. Mais même si des difficultés impliquant un changement quelconque doivent surgir, vous ne manquerez pas de sortir victorieuse de l'épreuve, à condition de faire preuve de suffisamment de perspicacité et de dynamisme, surtout s'il vous arrive d'être confrontée à quelque collègue arriviste.

Remarques

L'As de Carreau impose l'optimisme en présence des contrariétés annoncées par le Valet de Pique et concrétisées, aussi, par la personne symbolisée par le Huit de Trèfle (une jeune femme douée pour les affaires, vraisemblablement une rivale sur le plan professionnel). Le Sept de Carreau inspire la notion de changement...

QUATRIÈME EXERCICE

Cette fois, le consultant hypothétique sera un homme (blond) d'une quarantaine d'années. On part du principe que les cartes tirées sont dans l'ordre, les :

1. Dix de Pique ;
2. Sept de Pique ;
3. Valet de Cœur ;
4. Valet de Carreau ;
5. Dame de Carreau ;
6. As de Cœur ;
7. Sept de Carreau ;
8. Roi de Pique ;
9. Valet de Pique ;
10. Neuf de Carreau ;
11. Sept de Trèfle ;
12. Roi de Cœur ;
13. Dame de Cœur ;
14. Neuf de Trèfle ;
15. Dame de Pique ;
16. Valet de Trèfle ;
17. As de Trèfle ;
18. Neuf de Cœur ;
19. Dix de Trèfle ;
20. Neuf de Pique.

Font allusion au *passé* les :

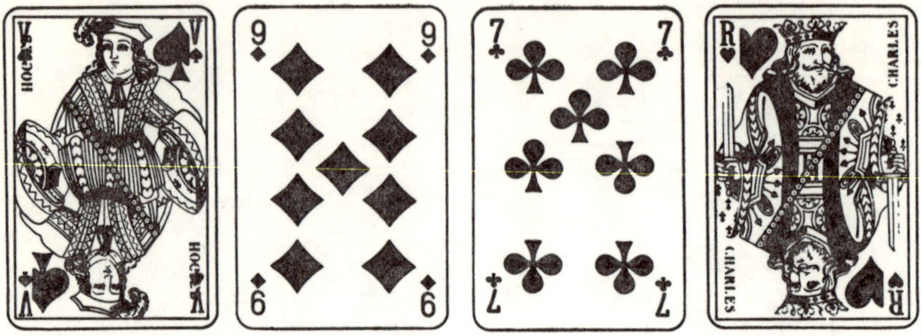

Interprétation suggérée

– Vous avez eu, selon les cartes, divers déboires dans le passé. Une escroquerie dont vous auriez été la victime ou bien des ennuis avec les services administratifs – le fisc peut-être – allaient plus ou moins de pair avec des problèmes professionnels. Vos ressources se sont trouvées limitées, au point de vous obliger à faire appel à un ou plusieurs amis.

Remarques

Le Valet de Pique impose une orientation négative et il faut tenir compte de la pluralité des significations de cette carte (soit escroquerie, soit problème fiscal, etc.). Le Neuf de Carreau est explicite sur les difficultés d'ordre professionnel, alors que le Sept de Trèfle fait conclure à une situation médiocre, voire précaire sur le plan financier. Le Roi de Cœur, symbole du consultant (homme blond d'âge moyen), paraît directement lié à l'aide amicale reçue, compte tenu du contexte global.

Le *présent* est dépeint par les :

Interprétation suggérée

– ... Aujourd'hui, la situation est nettement meilleure. Vous serez susceptible de trouver une issue assez rapidement. Peut-être par l'intermédiaire d'un jeune ami, qui se démènera pour vous, vous devriez recevoir ou vous venez de recevoir une nouvelle importante relative à votre carrière et, indépendamment même de ce détail, vous vous trouvez à la veille d'un changement sur le plan du travail.

Remarques

Le Dix de Pique paraît renforcer l'idée d'un tournant annoncé par le Sept de Pique (espoir) et par le Valet de Carreau. Cette dernière carte pouvant avoir deux significations majeures, on a envisagé aussi bien l'éventualité d'une nouvelle importante que celle d'un changement véritable. La présence du Valet de Cœur (un jeune ami) semble être en rapport avec le cadre professionnel en raison d'un Carreau proche et conformément à la nature de la prédiction pouvant être formulée ici.

Parlent des *obstacles* les :

Intepprétation suggérée

– Quels que soient vos problèmes financiers, vous les résoudrez, les cartes vous prédisent profit majeur, bénéfices matériels, réussite ; tout se présente fort bien... En somme, le temps travaille pour vous, vos ennuis disparaîtront ; même si, ultérieurement, d'autres obstacles doivent surgir devant vous, vous finirez par les surmonter sans trop de mal, cela paraît certain.

Remarques

Le message de l'As de Trèfle prend une valeur complémentaire grâce aux significations tout aussi encourageantes des Neuf de Cœur et Dix de Trèfle (voilà un alignement assez exceptionnel de facteurs extrêmement favorables). La triple prédiction de succès diminue obligatoirement la portée du Neuf de Pique, réduisant à peu de gravité les difficultés annoncées par cette dernière carte de la série.

Le *proche avenir* est placé sous l'auspice des :

Interprétation suggérée

– Vous bénéficierez, selon les cartes, de l'appui considérable d'une femme de votre entourage professionnel. Elle sera un peu à l'origine de la situation stable et satisfaisante que vous allez atteindre. Mais, par la suite, vous devrez aussi « y mettre du vôtre », ne pas vous endormir sur vos lauriers. Ce sera ainsi que vous pourrez conserver les avantages obtenus et triompher de certaines influences négatives du passé. Ces influences auraient quelque chose à voir avec le domaine judiciaire ou résulteraient de la nécessité de liquider des dettes contractées jadis.

Remarques

Placé entre 2 Carreau, l'As de Cœur signifie une réussite dans le domaine non pas affectif, mais professionnel. Le Sept de Carreau implique la nécessité d'effort à fournir pour sauvegarder les bénéfices obtenus (directement ou indirectement) grâce à la personne symbolisée par la Dame de Carreau. Le Roi de Pique impose, par son ambiguïté, d'envisager deux éventualités liées à l'impact néfaste du passé.

Les clés de l'*avenir lointain* se trouvent dans les :

Interprétation suggérée

– Dans un avenir moins proche, après avoir réussi à éliminer vos problèmes d'argent, vous pourrez accorder à votre vie sentimentale davantage d'importance que par le passé. Selon les cartes, vous ferez la connaissance d'une personne pouvant vous convenir parfaitement, et les circonstances seront favorables pour réaliser avec elle une union harmonieuse. Cette femme, non seulement vous aimera sincèrement, mais encore sera susceptible de contribuer à l'équilibre de votre situation financière ; vous aurez donc intérêt à la garder.

Remarques

L'amour sincère, vertu typique des personnes symbolisées par la Dame de Cœur, a été souligné, mais on a fait allusion, aussi, à une action positive dans le domaine de l'argent, parce que le voisinage du Neuf de Trèfle le laisse supposer : cette carte annonce non seulement des circonstances favorables (pour réaliser l'union affective), mais dégage la notion propre aux lames de la famille des Trèfle (fortune, profit, etc.). Quant aux 2 dernières cartes de la série, on les a volontairement écartées de l'interprétation, puisque la Dame de Pique laisse craindre une rupture (on s'est contenté d'attirer l'attention du consultant sur l'intérêt de préserver l'union) ; le Valet de Trèfle peut représenter soit un rival, soit (exceptionnellement) le consultant lui-même.

Cette seconde hypothèse s'appuie sur le nombre impressionnant des Carreau et des Trèfle dans le jeu : leur présence fait penser que le consultant imaginaire est un homme fort matérialiste. En partant de là, il est possible de déduire qu'une rupture reste à craindre par suite d'un tel trait de caractère...

LE FUTUR
DANS SES GRANDES LIGNES

Cette méthode, qui implique l'interprétation de 21 cartes, permet de réaliser des prédictions au sujet de votre propre avenir, de celui d'une personne présente (celle qui vous consulte) ou encore de celui d'une personne absente (connue par vous ou par celle qui vous consulte).

Si vous désirez élucider votre propre avenir, vous n'avez qu'à effectuer les opérations indiquées, à une différence près : battez et tirez les cartes vous-même, en vous concentrant sur les problèmes qui vous préoccupent.

S'il s'agit d'un absent (d'une absente), il suffit, en battant puis en tirant les cartes, de penser très fort à la personne dont on aimerait découvrir le futur.

Le procédé vous semblera plus complexe que les précédents, mais l'exposé des règles fondamentales sera suivi, comme d'habitude, par des explications détaillées, ce qui vous offrira la possibilité d'apprendre sans trop de peine toutes les astuces de la méthode.

Comment s'y prendre

1. Retirer du jeu des 32 cartes celle qui symbolise la personne dont on veut connaître le futur (se référer aux précisions qui figurent dans le chapitre « Les événements marquants » : le Huit de Cœur pour une femme à la chevelure claire n'ayant pas atteint la trentaine, le Huit de Trèfle pour une femme à la chevelure foncée n'ayant pas atteint la trentaine, etc.).

2. Battre les 31 cartes restantes (après les avoir « chauffées »).

3. Retirer 3 des cartes ;

4. Retenir 1 ou les 3 cartes retirées, conformément au principe suivant :

- si les 3 cartes sont de familles différentes (par exemple un Carreau, un Cœur et un Pique) n'en retenir aucune ;
- si 2 cartes sont de la même famille (2 Cœur, par exemple) retenir la première qui a été tirée et ranger l'autre à part, ainsi que la carte étrangère ;

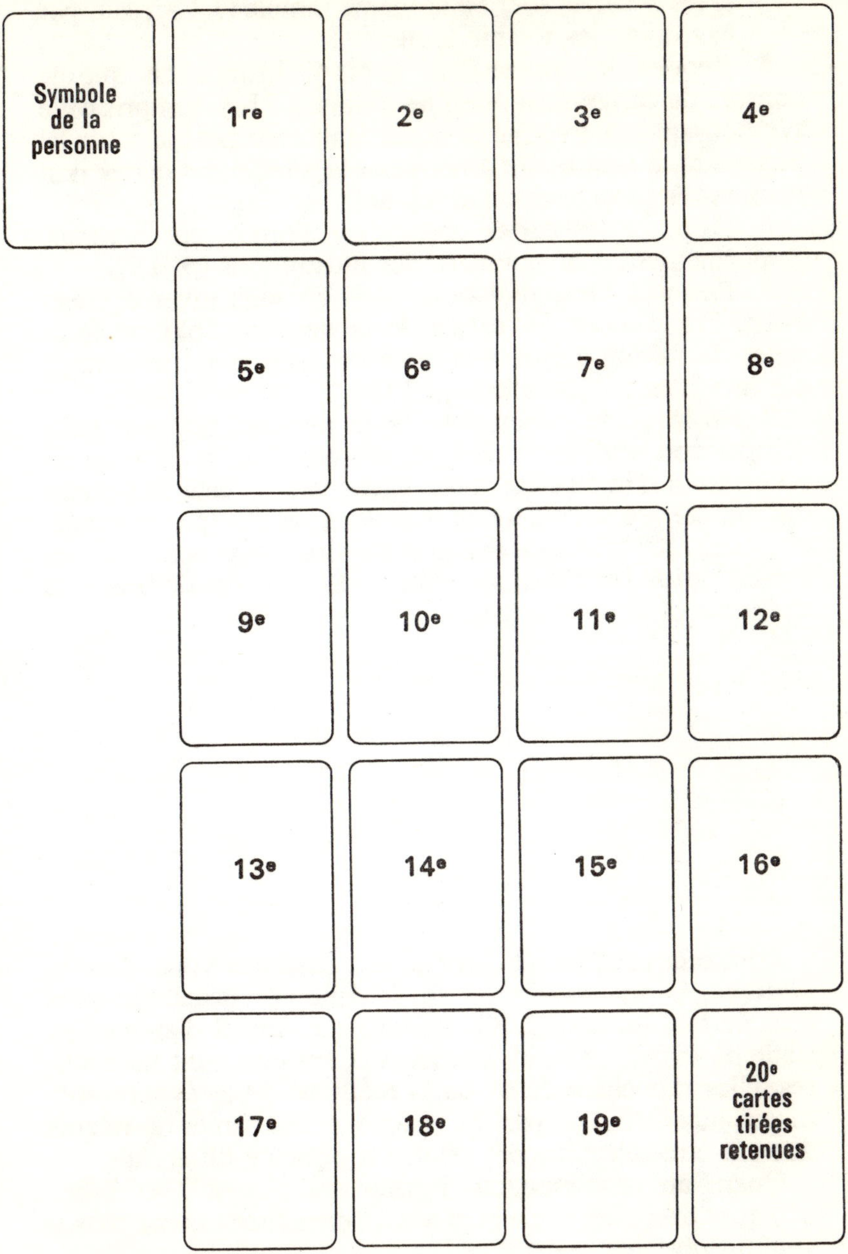
Symbole de la personne
1re
2e
3e
4e
5e
6e
7e
8e
9e
10e
11e
12e
13e
14e
15e
16e
17e
18e
19e
20e cartes tirées retenues

– si les 3 cartes sont de la même famille (3 Carreau, par exemple), les retenir toutes.

5. Répéter les opérations 3 et 4, jusqu'à ce que le nombre de cartes ainsi retenues s'élève à 21, y compris celle symbolisant la personne dont on veut connaître le futur (si nécessaire, il faut battre à nouveau la totalité des cartes non retenues et recommencer à les tirer par 3) ;

6. Disposer les cartes tirées dans l'ordre, sur 5 rangs, conformément à la première des illustrations (p. 157).

7. Passer à l'interprétation, mais en sens inverse, c'est-à-dire lire d'abord les cartes de la dernière colonne, puis celles de l'avant-dernière et ainsi de suite, comme indiqué sur la seconde illustration (p. 159).

7 *bis*. Afin de mieux éclairer la réponse, on peut tenir compte non seulement de la signification de la carte qu'on est en train d'interpréter, mais également de celle des cartes qui ont été tirées juste avant et juste après elle (par exemple, en interprétant la quatrième carte tirée, prendre aussi en considération les cartes qui étaient, dans l'ordre de tirage, la troisième et la cinquième).

⁂

Tout ceci vous paraît compliqué... Rassurez-vous, dans la pratique, la méthode n'est finalement pas beaucoup plus difficile que les autres. S'il est vrai que, avant d'arriver au stade de l'interprétation, plusieurs opérations sont nécessaires, elles rappellent celles de la méthode « Les événements marquants » (tirage par 3), même si les lames à retenir doivent être sélectionnées selon un principe différent.

Quant au problème qui résulte des phases 7 et 7 *bis*, quelques exercices seulement vous permettront de ne plus y voir un obstacle majeur...

Symbole de la personne	16e	11e	6e	1re
	17e	12e	7e	2e
	18e	13e	8e	3e
	19e	14e	9e	4e
	20e cartes à interpréter	15e	10e	5e

ORDRE D'INTERPRÉTATION DES CARTES

Avant d'aborder l'exercice, il convient de revenir en arrière et de se familiariser avec le principe de triage imposé par la méthode :

Première hypothèse

Les cartes n'étant pas de la même famille, n'en retenir aucune, mais les ranger à part.

Seconde hypothèse

Ici, 2 cartes sont de la même famille. Et puisque le Dix de Cœur est censé avoir été tiré avant le Roi de Pique, le retenir, tandis que l'As de Cœur et le Roi de Pique sont ajoutés au tas des cartes rangées à part.

Troisième hypothèse

Les 3 cartes sont retenues, puisqu'elles appartiennent à la même famille.

Vous le voyez, finalement, ce n'est pas sorcier...

Ce cap franchi, le moment est venu pour aller plus loin.

En supposant que la personne désireuse de découvrir les surprises qui lui sont réservées par le futur soit une jeune blonde, la première chose à faire est de retirer du jeu la carte la symbolisant, c'est-à-dire le Huit de Cœur. Poser cette lame sur la table, et ce sera à sa droite qu'on rangera, progressivement, les diverses cartes retenues, comme indiqué sur la page suivante...

On part du principe, dans le cadre de cet exercice, que les cartes tirées et retenues sont, dans l'ordre, les :

1re hypothèse :

2e hypothèse :

3e hypothèse :

1. Huit de Pique ;
2. Sept de Carreau ;
3. Dix de Carreau ;
4. Sept de Trèfle ;
5. Valet de Pique ;
6. As de Carreau ;
7. As de Trèfle ;
8. Neuf de Pique ;
9. Roi de Pique ;
10. Huit de Carreau ;
11. Dix de Cœur ;
12. As de Pique ;
13. Sept de Cœur ;
14. Neuf de Trèfle ;
15. Roi de Trèfle ;
16. Valet de Carreau ;
17. Dame de Carreau ;
18. Neuf de Cœur ;
19. Dame de Pique ;
20. Roi de Cœur.

Toutes ces cartes seront interprétées successivement, de droite à gauche, colonne par colonne, en conformité avec la seconde illustration qui suit, et en examinant, par la même occasion, les cartes tirées (et retenues) juste avant et juste après celle qui fait l'objet principal de l'interprétation.

ORDRE D'INTERPRÉTATION DES CARTES

La première carte à interpréter est celle qui occupe la dernière place du premier rang (la quatrième carte tirée), donc le Sept de Trèfle. Pour faciliter la compréhension de son message et pour en savoir plus, on examine, également, la carte précédente et celle qui la suit dans l'ordre de tirage (les troisième et cinquième). La première de ces 2 lames se trouve immédiatement à sa gauche (en troisième position au premier rang), la seconde en tête du rang suivant.

Autrement dit, on va lire, pour commencer, les :

Interprétation suggérée

– Vous aurez prochainement une rentrée d'argent, disent les cartes. Il s'agit d'une somme relativement faible, venant vraisemblablement de l'étanger et constituant, dans un certain sens, le dédommagement de quelque préjudice subi dans le cadre de vos activités professionnelles.

Remarques

On a dit « prochainement », parce que la première colonne à interpréter (celle se trouvant à l'extrême droite) est censée éclairer l'avenir prochain, la seconde un avenir moins proche, et ainsi de suite, jusqu'à la colonne de l'extrême gauche, qui représente l'avenir lointain (dans cinq ans ou plus).

Le Sept de Trèfle transmet l'information principale (entrée d'une modique somme d'argent), le Dix de Carreau laisse supposer un lien avec le contexte professionnel, ainsi qu'avec l'étranger, tandis que le Valet de Pique dégage la notion du préjudice subi.

La deuxième carte à interpréter est le Neuf de Pique, et elle se trouve juste au-dessous de celle qui vient d'être déchiffrée, autrement dit en quatrième position du deuxième rang. Sa lecture est effectuée en parallèle avec celle des 2 cartes qui l'ont précédée ou suivie dans l'ordre de tirage, l'une de celles-ci placée à sa gauche, l'autre en première position du rang suivant. En somme, on interprète les :

Interprétation suggérée

– Toujours à relativement brève échéance, une difficulté surviendra dans une affaire juridique impliquant une importante somme d'argent ou relative à toute autre question d'intérêt, assez capitale pour vous. Qu'il s'agisse d'un procès ou non, l'obstacle rencontré sera surmontable...

Remarques

Le Neuf de Pique annonce l'obstacle (surmontable), l'As de Trèfle précise qu'il s'agit d'argent ou bien d'une question d'ordre moral et le Roi de Pique indique le contexte juridique.

Viennent les

Interprétation suggérée

– A propos de l'affaire dont je viens de parler ou d'une autre, mais, en tout cas, en rapport, vraisemblablement, avec votre entourage familial, les cartes annoncent un dénouement heureux et inattendu.

Remarques

Ici, la carte principale (l'As de Pique) peut se référer au problème (juridique) déjà évoqué ou symboliser une autre affaire. Dans le doute, on a fait état, comme d'habitude, des deux éventualités. La prédiction du Dix de Cœur (succès inattendu) paraît primordiale, tandis que le Sept de Cœur, ambigu, ne sert qu'à un éclairage secondaire (contexte familial).

Suit le trio :

Interprétation suggérée

– Selon les cartes, un changement en mieux ne tarde pas à se produire dans le cadre de vos activités professionnelles, grâce à l'appui de deux personnes pareillement bien disposées à votre égard, un homme et une femme.

Remarques

Le Valet de Carreau annonce le changement sur le lieu de travail et l'aspect bénéfique des 2 autres cartes laisse supposer que ce changement est en mieux (aussi bien le Roi de Trèfle que la Dame de Carreau sont symboles de protection).

On arrive à la dernière carte de la colonne d'extrême droite, la vingtième tirée et retenue : le Roi de Cœur. Son interprétation sera accompagnée non seulement de la lecture de la dix-neuvième lame tirée et retenue (la Dame de Pique, en ce cas précis), sa voisine, mais également de la prise en considération de la carte qui symbolise la consultante : le Huit de Cœur.

C'est, en effet, une règle de la méthode : *l'interprétation de la vingtième carte tirée et retenue va toujours de pair avec la lecture simultanée de la lame qui la précède et de celle représentant la personne qui consulte.*

Pour en revenir à l'exercice, ce sera donc le tour des :

Interprétation suggérée

– Les cartes disent qu'un homme d'âge moyen et à la chevelure claire serait ou sera amoureux de vous. A moins que vous ne soyez déjà attachée à quelqu'un, cela peut présager une union future. Il n'est pas exclu que l'homme en question soit veuf ou divorcé.

Remarques

Le Roi de Cœur associé à la carte qui désigne la consultante ne peut signifier qu'un lien sentimental de première importance (en principe le mariage, mais, de nos jours, il est préférable de parler d'union tout court...), tandis que le voisinage de la Dame de Pique laisse supposer divorce ou veuvage.

On aborde, à présent, l'avant-dernière colonne. Chaque carte est interprétée parallèlement avec celles qui se trouvent, respectivement, à sa gauche et à sa droite. Il faut commencer, par conséquent, avec les :

Interprétation suggérée

– Ultérieurement, dans un an, peut-être, un changement interviendra sur le plan professionnel. L'événement ne se produira pas à l'improviste, mais sera précédé par une phase préparative adéquate, et les conditions optimales existeront pour qu'il en résulte une consolidation ou même une amélioration de votre situation financière.

Remarques

Le Dix de Carreau fait conclure à une modification du lieu de travail, le Sept de Carreau signale les préparatifs et le Sept de Trèfle annonce l'avantage matériel.

⁂

L'interprétation formulée plus haut fait allusion, dirait-on, à la première étape d'une ascension professionnelle certaine, car voici que les cartes suivantes annoncent une évolution de plus en plus satisfaisante dans la carrière de la consultante hypothétique :

Interprétation suggérée

– Après le tournant dont je viens de parler, vos efforts seront couronnés, à la longue, par un succès incontestable.

A en croire les cartes, votre travail vous apportera les plus grandes satisfactions, vous assurant notamment une situation fort lucrative. Il se pourrait que, par la suite, quelques obstacles surgissent, mais ceux-ci ne compromettront pas votre carrière, qui se présente sous les meilleurs auspices.

Remarques

Les 2 premières cartes atténuent la signification négative de la troisième, et les obstacles (mineurs) annoncés par celle-ci paraissent ultérieurs à l'accession à la situation brillante que prédisaient les As de Carreau et As de Trèfle, puisque le Neuf de Pique se trouvait après (et non avant !) eux...

On continue par les :

Interprétation suggérée

– Par la suite, une bonne surprise sera votre lot, toujours en liaison avec votre travail. Quelque affaire impliquant, peut-être, des contacts avec une personne haut placée ou encore la nécessité d'un déplacement peu lointain se soldera à votre avantage. S'agira-t-il d'un procès ou, tout simplement, d'un contrat quelconque ? Je l'ignore. En tout cas, il paraît certain que le dénouement favorable se produira à un moment où, après vous être acharnée à atteindre votre but, vous seriez sur le point de perdre courage.

Remarques

La nature inopinée du succès est mise en relief par le Dix de Cœur lui-même, qui apporte la prédiction principale (issue favorable). Le Huit de Carreau signifie soit un voyage imposé par l'affaire en question, soit l'intense activité déployée pour obtenir gain de cause (par la même occasion, cette carte précise le caractère professionnel du problème). L'As de Pique, également, oblige à envisager plusieurs précisions possibles : contacts avec une personne haut placée, simple contrat ou affaire légale...

On arrive aux :

Interprétation suggérée

– Vous connaissez ou allez connaître, selon les cartes, un homme susceptible de jouer un rôle important dans votre carrière, dans votre vie privée... ou les deux à la fois. Il s'agit, peut-être, de la personne évoquée tout à l'heure, quand il a été dit qu'à un moment donné un homme et une femme allaient vous épauler, à l'occasion d'un tournant professionnel. Quoi qu'il en soit, un excellent concours de circonstances permet la naissance d'une collaboration ou d'une union quelconque avec cet homme d'âge moyen, apparemment riche ou, du moins, influent...

Remarques

Partant du principe que la consultante hypothétique a déjà un lien sentimental solide (avec la personne symbolisée par le Roi de Cœur), on a évité de décrire le personnage désigné par le Roi de Trèfle comme un homme appelé à devenir le « protecteur » (normalement, pour les femmes, la carte représente soit un mari, soit un amant, dans le cadre d'une union essentiellement dictée par l'opportunisme). Par tact, on s'est contenté d'une allusion ambiguë à une telle éventualité, tout en émettant l'hypothèse d'une nature purement professionnelle des rapports... Par ailleurs, le Valet de Carreau, qui situe le cadre (lieu de travail), de même que le Neuf de Trèfle à deux visages (lame pouvant se référer aussi bien à une association professionnelle qu'à une union affective) fait penser que l'homme représenté par le Roi de Trèfle contribuera à l'ascension de la consultante sans qu'il y ait, obligatoirement, un rapport charnel entre eux...

La dernière carte de la colonne est encadrée par 2 Cœur :

Interprétation suggérée

– L'une des cartes signale un danger dans le domaine de votre vie affective. Ce danger provient d'une femme veuve ou divorcée, susceptible de s'interposer entre vous et la personne aimée, mais il peut s'agir, également, d'une friction motivée par d'autres raisons. N'importe comment, il est à espérer qu'en y mettant du vôtre, vous pourrez sauvegarder ou rétablir l'entente.

Remarques

La Dame de Pique ne symbolise pas forcément une femme, mais peut aussi annoncer une rupture (ou, du moins, une brouille assez grave) pour une cause autre que la rivalité sentimentale. Le Neuf de Cœur ne peut contredire catégoriquement le message de la carte principale (La Dame de pique), puisque placé avant elle ; elle concerne donc des antécédents. La présence de 2 cartes bénéfiques (Neuf de Cœur et Roi de Cœur) autorise tout au plus, un certain optimisme...

En comptant de droite à gauche, on arrive à la troisième colonne, dont les cartes seront interprétées successivement, toujours avec le concours des lames voisines.

On commence par les :

Interprétation suggérée :

– Voici que votre carrière redevient la principale de vos préoccupations. A la suite de problèmes imprévus, il sera nécessaire de beaucoup vous démener, et il n'est pas exclu que cela implique un bref voyage à l'étranger.

Remarques

Le Huit de Pique peut faire penser à une perte d'emploi et le Sept de Carreau indiquer des démarches pour en trouver un autre, tandis que le Dix de Carreau signifie le nouveau départ professionnel, avec ou sans voyage... (Par précaution, ces « oracles » sont exprimés sous une forme allusive car parler ouvertement de licenciement n'est jamais sage.)

Voici les :

Interprétation suggérée

– Oui, selon les cartes, vous subirez quelque préjudice assez grave dans le contexte professionnel, mais tout finira par s'arranger, et vous ne serez pas perdante, loin de là !... Qui sait ? il s'agira peut-être d'un nouvel emploi, tout aussi bien rémunéré (ou même mieux) que le précédent.

Remarques

Le Valet de Pique confirme la prédiction des 3 cartes préalablement interprétées. L'As de Carreau constitue un présage on ne peut plus faste dans le domaine professionnel. L'As de Trèfle annonce, lui aussi, la fin de la période critique, le retour d'une situation financièrement très satisfaisante (compte tenu de la présence incontestablement encourageante des 2 As, on a pu se permettre de mentionner l'éventualité de ce changement d'emploi que, un peu plus tôt, on préférait passer sous silence).

Il faut examiner, maintenant, les :

Interprétation suggérée

– Une fois résolu le problème professionnel dont je viens de parler, libérée de toute influence négative du passé récent, vous allez effectuer, d'après les cartes, un voyage qui vous apportera quelque joie imprévue, en rapport ou non avec le travail.

Remarques

Compte tenu de la position de la carte (référence à quelque antécédent) il paraît logique de retenir, des significations du Roi de Pique, celle qui s'applique spécifiquement à ce qui est révolu (influence négative du passé). Le Huit de Carreau dicte l'annonce principale (le voyage) et le Dix de Cœur fait allusion à la bonne surprise.

C'est le tour des :

Interprétation suggérée

– Les cartes qui suivent confirment la bonne tournure de vos affaires : elles annoncent des profits matériels résultant de changements dans le contexte familial.

Remarques

Le Sept de Cœur précise l'origine de la rentrée d'argent (ou de tout autre avantage matériel) que prédisait le Neuf de Trèfle. Le rôle du Roi de Trèfle étant mal définissable, on s'est contenté d'y voir un signe complémentaire de fortune.

Toujours dans la même colonne, il reste à interpréter les :

Interprétation suggérée

– Revenons à votre carrière. Les cartes parlent d'une amie faisant partie de votre entourage professionnel. Grâce à son concours, vous consoliderez brillamment votre position dans votre travail, notamment en triomphant des intrigues d'une collègue jalouse de votre succès.

Remarques

La Dame de Carreau guide la démarche divinatoire, laissant penser que la victoire prédite par le Neuf de Cœur se réfère au contexte professionnel, tandis que la Dame de Pique (symbole, entre autres, d'une intrigante) confirme la justesse d'une telle orientation.

*
* *

Voici la dernière colonne... Le moment est venu de révéler une autre règle de la méthode : ici, la première des cartes à interpréter fait l'objet d'une lecture simultanée avec ses deux voisines immédiates, *celle de gauche étant la lame-symbole de la personne qui consulte.*

On a donc les :

Interprétation suggérée

– Selon les cartes, il ne serait pas exclu que, après une période de beau fixe, vous subissiez une petite perturbation sur le plan professionnel, vous obligeant à réorganiser vos activités, à la suite, peut-être, d'une brève absence due à des raisons de santé.

Remarques

Le Sept de Carreau implique la nécessité d'une sorte de nouveau départ professionnel. Le Huit de Pique paraît signifier la maladie de la consultante, puisque étroitement liée à la carte symbolisant celle-ci, le Huit de Cœur.

On arrive à la deuxième carte de la dernière colonne. *La méthode exige que celle-ci (tout comme les suivantes de la même colonne) soit lue en même temps non seulement avec la lame se trouvant immédiatement à sa droite, mais aussi avec la carte qui se trouve à l'extrémité droite du rang précédent.*

Pour en rester au présent exercice, il y a lieu d'interpréter ainsi les :

Interprétation suggérée

– Il se pourrait qu'une affaire fiscale ou de toute autre nature se solde par un préjudice pour vous, mais ce ne serait pas grave : la somme perdue ne devrait pas être excessive, et, n'importe comment, vos activités professionnelles vous garantiront suffisamment de revenus pour que vous fassiez abstraction de ce contretemps financier.

Remarques

Le Sept de Trèfle précise qu'il s'agit d'une somme d'argent (faible) et l'As de Carreau permet, à son tour, de mesurer le peu d'ampleur du préjudice annoncé par le Valet de Pique.

Viennent les :

Interprétation suggérée

– Ultérieurement, un différend ou une contestation quelconque, en matière de travail, déboucheront peut-être sur un procès, à moins qu'il s'agisse, uniquement, de la nécessité de faire appel à un conseiller juridique pour trouver une solution au problème en question. Même si, au début, l'affaire se présentait plutôt mal pour vous, les cartes laissent espérer une conclusion favorable.

Remarques

Selon le Neuf de Pique, la difficulté rencontrée ne sera pas insurmontable. Le Huit de Carreau établit un lien avec le contexte professionnel. Le Roi de Pique (avocat, juge, etc.) signifie que l'affaire pourra se dénouer par une démarche juridique.

On en est aux :

Interprétation suggérée

– D'après les cartes, dans quelques années, un changement affectera votre foyer, à la suite d'une transaction quelconque. Il s'agira peut-être de la vente d'un bien immobilier ou de la cession d'un bail. L'éventualité d'un héritage n'est pas à exclure non plus... Quoi qu'il en soit, en fin de compte, le profit obtenu portera sur une somme relativement modique.

Remarques

Le Sept de Cœur prédit le changement dans le contexte familial. L'As de Pique laisse deviner l'antécédent d'une transaction. Le Neuf de Trêfle précise la faible nature de l'avantage matériel obtenu et, par la même occasion, évoque la notion d'héritage.

Pour terminer, voici les :

Interprétation suggérée

– Pour ce qui est des quatre ou cinq années à venir, l'événement majeur dont parlent les cartes est en rapport avec le travail. Grâce, essentiellement, à une femme ayant particulièrement à cœur votre réussite et qui fait partie de votre entourage professionnel, vous prendrez un nouveau départ sous les meilleurs auspices et aboutirez ultérieurement à une amélioration de votre situation.

Remarques

Le Valet de Carreau signifie : changement sur le plan professionnel. La Dame de Carreau désigne, évidemment, la personne décidée à assurer un soutien inconditionnel, tandis que le Neuf de Cœur constitue le présage du succès.

***

« LE GRAND JEU »

« Le Grand Jeu », dont il est le plus souvent question dans les romans, dans les films, etc., implique, théoriquement, l'utilisation de seulement 24 cartes, mais, dans la pratique, il arrive fréquemment qu'on soit dans l'obligation d'en employer 25, lorsque la lame devant symboliser la personne qui consulte ne figure pas parmi les 24 cartes tirées (tout vous sera expliqué ultérieurement, en détail).

Le « Grand Jeu » est une méthode divinatoire ayant la particularité d'éclairer systématiquement tous les aspects majeurs de la vie du consultant ou de la consultante, grâce, surtout, à l'examen de seulement 2 cartes pour chaque domaine précis (foyer, santé, etc.). Un tel résultat est obtenu par le biais d'un système dérivé de l'astrologie, celui des « Maisons » : selon leur emplacement, deux cartes accouplées doivent être interprétées en conformité avec tel ou tel attribut précis. Le nombre des Maisons s'élève à 12 :

- la *Maison I* régit le caractère, l'orientation générale de l'individu ;
- la *Maison II* régit la situation financière ;
- la *Maison III* régit l'entourage familial (père et mère exceptés), tout comme les petits voyages et le courrier ;
- la *Maison IV* régit le foyer, le père (pour les consultants) ou la mère (pour les consultantes) ;
- la *Maison V* régit les enfants, l'éducation en général, les liens sentimentaux plus ou moins passagers, les passe-temps préférés ;
- la *Maison VI* régit le travail, la santé, les servitudes diverses, ainsi que les domestiques (si l'on en a) ;
- la *Maison VII* régit le conjoint ou le partenaire (sentimental), de même que le (les) associés (s) ou les actes notariés ;
- la *Maison VIII* régit la sexualité, les biens immobiliers, ainsi que les peines en général, y compris la mort (mais dans un sens abstrait, le plus souvent) ;
- la *Maison IX* régit la spiritualité, les études supérieures, les voyages à l'étranger, les contacts avec l'étranger ou encore les procès ;
- la *Maison X* régit la mère (pour les consultants) ou le

père (pour les consultantes), les relations sociales, la notoriété, les honneurs et les dignités ;
- la *Maison XI* régit les espoirs, les relations amicales ;
- la *Maison XII* régit les contrariétés, les épreuves, les problèmes majeurs, les maladies graves, les liaisons secrètes et, en général, tout ce qui est caché...

En somme, chaque Maison englobe plusieurs notions, à l'exception de la deuxième, qui se réfère toujours à l'argent, uniquement à l'argent. Il en résulte que, pour saisir l'orientation de la démarche divinatoire, il faut s'appuyer, plus que jamais, à la fois sur la logique et sur l'intuition, celle-ci jouant dans cette méthode un rôle peut-être encore plus important que dans les autres.

Grâce à la pratique (des personnes de votre entourage familial ou amical peuvent vous servir de « cobayes »), il vous sera aisé de vous familiariser avec le « Grand Jeu » en très peu de temps, car, en dépit des apparences, il est beaucoup moins complexe qu'on le croirait...

Comment s'y prendre

Les traditions de la cartomancie veulent que, dans le « Grand Jeu », les cartes soient disposées en rond, à l'intérieur d'un cercle imaginaire, en partant du bas et en montant dans le sens contraire des aiguilles d'une montre (voir l'illustration de la page suivante). Mais, pour simplifier votre tâche, la méthode vous sera dévoilée par l'intermédiaire d'une disposition linéaire des cartes. Vous rencontrerez ainsi peu de difficultés pour bien assimiler les règles du « Grand Jeu », spécialement celle qui dicte l'ordre dans lequel les cartes doivent être interprétées. Par la suite, ayant acquis l'expérience nécessaire, vous pourrez vous essayer, si vous le souhaitez, à la disposition circulaire des cartes...

LE GRAND JEU

Disposition traditionnelle

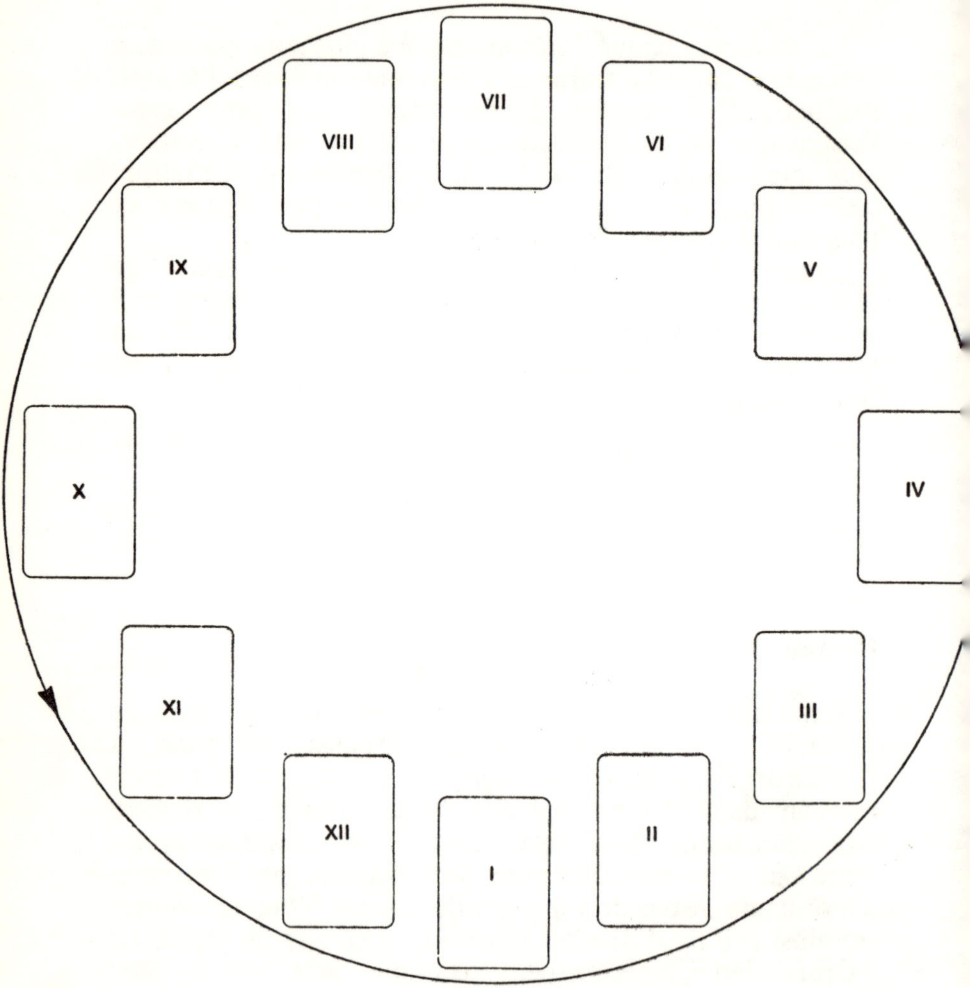

Les cases désignent les douze Maisons (allégoriques), dont chacune comporte deux cartes.

Après ce préambule relatif à la disposition des cartes, voici les opérations à effectuer :

1. Après les avoir « chauffées », la personne qui consulte bat, puis coupe les 32 cartes.

2. La personne qui consulte étale sur la table les cartes coupées, face en dessous, et en retire 12.

3. Disposez ces 12 cartes en les retournant dans l'ordre de leur tirage (voir illustration).

4. La personne qui consulte retire 12 cartes complémentaires parmi celles ayant été coupées (s'il n'y en a pas assez, il faut battre et couper à nouveau la totalité des cartes non retenues).

5. Toujours dans l'ordre de leur tirage, placer la deuxième série de 12 cartes sous les lames retenues au premier tour (voir illustration).

6. Vérifier si la carte symbolisant la personne qui consulte se trouve parmi les 24 lames retenues et, si elle ne s'y trouve pas, procéder comme suit :

- demander au consultant ou à la consultante de battre les 8 cartes non retenues, puis de désigner, au hasard, l'une des Maisons (c'est-à-dire l'un des douze couples de cartes) ;
- en commençant par la Maison désignée, ranger de gauche à droite, chacune des 8 cartes sous les couples de lames retenues ;
- retourner les 8 cartes, laisser à sa place celle symbolisant le consultant ou la consultante et retirer les 7 autres, qui ne serviront pas.

⁂

PRÉSENTATION SIMPLIFIÉE DE LA DISPOSITION DES CARTES DANS L'ORDRE DE LEUR TIRAGE

Les chiffres romains se réfèrent aux Maisons, les chiffres arabes aux cartes retenues.

A l'issue de ces opérations préliminaires, interpréter les cartes retenues, 2 par 2, dans l'ordre, toujours en fonction de l'attribut spécifique de leur Maison (autrement dit, selon leur emplacement, les cartes sont mises en rapport soit avec le caractère de la personne qui consulte, soit avec sa

situation financière ou avec son entourage familial, etc.). Il existe une seule exception à la règle qui exige que les cartes soient interprétées par couples : quand la carte symbolisant le consultant ou la consultante s'ajoute à celles qui se trouvent dans une Maison, on interprète les trois cartes ensemble.

Compte tenu de la nature sommaire des indications qui viennent d'être données, le « Grand Jeu » risque de vous paraître par trop complexe ou même rébarbatif... Rassurez-vous, les explications détaillées, fournies dans le cadre de l'exercice qui suit, vous permettront de maîtriser la méthode sans aucun problème.

Exercice

On suppose que le « Grand Jeu » concerne une femme (brune) d'environ quarante ans, qui aurait tiré, au premier tour, les 12 cartes suivantes :

1. Huit de Trèfle (lame placée dans la Maison I) ;
2. Roi de Carreau (lame placée dans la Maison II) ;
3. Sept de Trèfle (lame placée dans la Maison III) ;
4. Dix de Cœur (lame placée dans la Maison IV) ;
5. Huit de Cœur (lame placée dans la Maison V) ;
6. Dame de Carreau (lame placée dans la Maison VI) ;
7. Sept de Pique (lame placée dans la Maison VII) ;
8. Dix de Pique (lame placée dans la Maison VIII) ;
9. Dix de Trèfle (lame placée dans la Maison IX) ;
10. Roi de Pique (lame placée dans la Maison X) ;
11. As de Trèfle (lame placée dans la Maison XI) ;
12. Dame de Pique (lame placée dans la Maison XII).

Au cas où il ne resterait pas assez de cartes coupées pour en choisir 12 autres (simple hypothèse), la consultante serait dans l'obligation de battre et de couper à nouveau les 20 cartes restantes, afin d'en retirer 12...

On imagine que les cartes retenues au deuxième tour, ajoutées à celles déjà « casées » dans les Maisons, sont les :

13. Roi de Cœur (lame placée dans la Maison I) ;
14. As de Carreau (lame placée dans la Maison II) ;
15. Sept de Cœur (lame placée dans la Maison III) ;
16. As de Cœur (lame placée dans la Maison IV) ;
17. Neuf de Pique (lame placée dans la Maison V) ;
18. Neuf de Cœur (lame placée dans la Maison VI) ;
19. Sept de Carreau (lame placée dans la Maison VII) ;
20. Dame de Cœur (lame placée dans la Maison VIII) ;
21. Huit de Pique (lame placée dans la Maison IX) ;
22. Valet de Carreau (lame placée dans la Maison X) ;
23. Valet de Pique (lame placée dans la Maison XI) ;
24. Valet de Cœur (lame placée dans la Maison XII).

A ce stade, comme la carte symbolisant la consultante (la Dame de Trèfle) ne figure pas parmi les 24 lames retenues, il faut que la consultante batte les 8 cartes restantes et qu'elle désigne, par la même occasion, l'une des 12 Maisons, c'est-à-dire l'un des 12 couples de cartes. Si, par exemple, elle choisit la huitième Maison, placer la première des cartes non retenues sous celle-ci, les autres à sa suite, Maison par Maison, suivant l'ordre de tirage, en revenant en arrière si nécessaire. Dans le cadre de l'exercice, la deuxième des 8 cartes va se retrouver sous celles de la Maison IX, la troisième sous celles de la Maison X, etc., et les 3 dernières sous les couples de lames formant, respectivement, les Maisons I, II et III). Ceci fait, il ne reste qu'à retourner les 8 cartes, laisser en place celle représentant la personne qui consulte (la Dame de Trèfle, en ce cas précis) et ranger les 7 autres...

Dans la pratique, vous serez rarement obligé de vous « compliquer la vie » avec cette opération complémentaire : le plus souvent, vous découvrirez la carte-symbole parmi les 24 lames devant être interprétées.

Cela dit, tout est prêt, à présent, pour procéder à l'interprétation des cartes retenues dans le cadre de l'exercice, cartes reproduites dans leur totalité sur les deux pages suivantes...

EXERCICE D

Disposition simplifiée (linéaire

GRAND JEU »

:s cartes à interpréter

N.B.

Les 8 cartes inférieures correspondent à celles qui ont été battues et disposées en dernier lieu, afin de placer la lame symbolisant la personne qui consulte (la Dame de Trèfle, dont on suppose qu'elle n'est pas sortie au cours des opérations antérieures), étant entendu que 7 de ces cartes (celles qui sont barrées) ne font pas l'objet d'une interprétation.

MAISON I

Attributs :
- le caractère ;
- l'attitude générale.

Interprétation suggérée

– Les cartes prétendent que vous êtes très douée pour les affaires et fort consciente de vos intérêts. Ces notions impliquent habituellement un certain égoïsme, mais ce ne semble pas du tout votre cas. Vous êtes foncièrement généreuse, serviable, toujours prête à aider vos amis...

Remarques

Le Huit de Trèfle attirait l'attention sur la débrouillardise de la consultante et soulignait ce trait de caractère, mais le Roi de Cœur (appelé, ici, à servir de contrepoint permettant de mieux cerner le portrait), offrait la possibilité de vanter des qualités que la lame attribue, normalement, uniquement aux hommes.

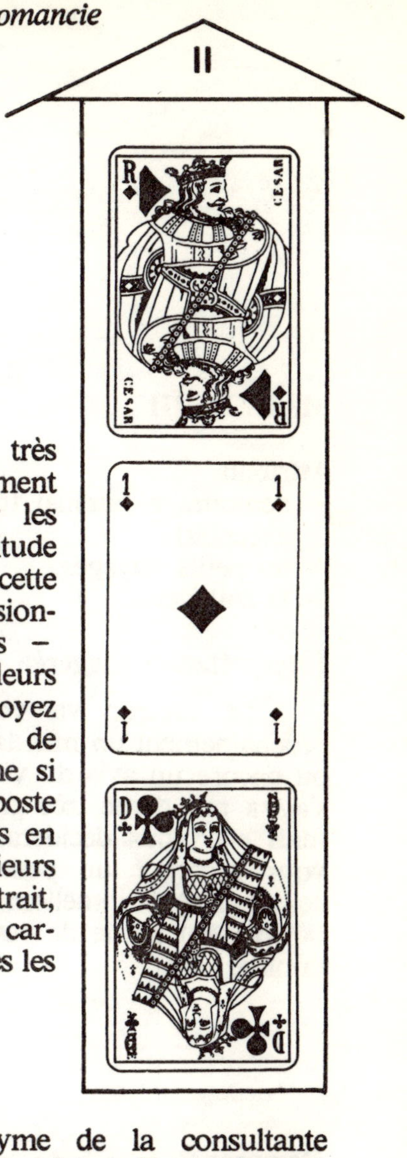

MAISON II

Attributs :
la situation financière.

Interprétation suggérée

– Votre situation se présente très bien. Selon les cartes, non seulement vous avez un sens inné pour les affaires, mais encore une aptitude particulière pour exploiter à fond cette disposition. Vos activités professionnelles – et, par-là, vos revenus – seraient placés sous les meilleurs auspices : il se pourrait que vous soyez appelée à assumer une tâche de grande responsabilité, mais même si vous n'étiez pas nommée à un poste de direction, vous seriez toujours en très bons termes avec vos supérieurs hiérarchiques, ce qui vous permettrait, justement, de poursuivre votre carrière dans les conditions financières les plus satisfaisantes...

Remarques

La Dame de Trèfle, synonyme de la consultante imaginaire, s'étant retrouvée dans la Maison II, représentait un excellent augure sur le plan financier. L'As de Carreau mettait en relief l'aspect extrêmement positif de la carrière. Le Roi de Carreau permettait d'élaborer deux hypothèses (poste de responsabilité ou concours bénéfique des supérieurs hiérarchiques).

MAISON III

Attributs
- l'entourage familial (père et mère exceptés) ;
- les petits voyages ;
- le courrier.

Interprétation suggérée

– Le facteur va vous apporter prochainement un mandat, un chèque ou encore un avis du virement. Il ne s'agira pas d'une très grosse somme, mais elle vous décidera, peut-être, à vous accorder un petit voyage, en compagnie, éventuellement, d'un enfant faisant partie de votre entourage familial.

Remarques

Le Sept de Trèfle (rentrée d'argent) était mis en rapport à la fois avec le courrier et avec le voyage (éventuel), tandis que le Sept de Cœur (qui paraissait désigner, dans ce cas précis, un enfant) donnait l'impression de renvoyer au premier attribut de la Maison III : l'entourage familial.

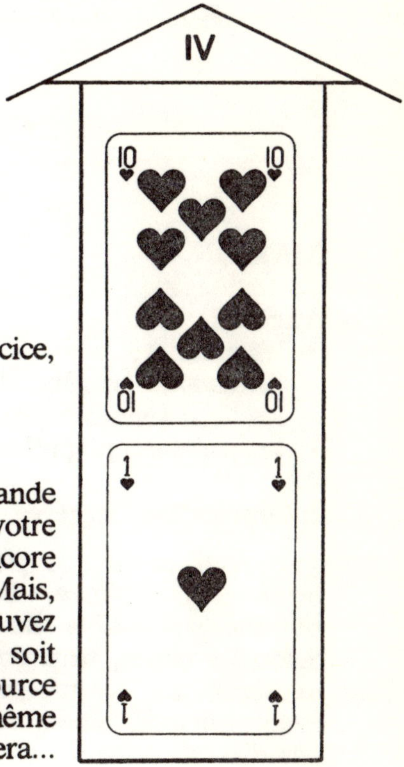

MAISON IV

Attributs :
- le foyer ;
- la mère (s'agissant, dans l'exercice, d'une femme).

Interprétation suggérée

– Les cartes annoncent une grande joie inattendue, en rapport avec votre foyer ou avec votre mère, ou encore avec les deux à la fois. Mais, indépendamment de ceci, vous pouvez vous attendre à ce que la maison soit synonyme, pour vous, d'une source d'immense satisfaction, on peut même dire qu'un bonheur stable y régnera...

Remarques

Deux cartes parmi les plus bénéfiques autorisaient un optimisme sans réserve. Ne sachant pas si la bonne surprise annoncée par le Dix de Cœur concernait le foyer ou la mère, les deux éventualités ont été envisagées. L'As de Cœur justifiait la prédiction relative au « beau fixe »...

MAISON V

Attributs :
- les enfants ;
- l'éducation en général ;
- les liens sentimentaux passagers ;
- les passe-temps préférés.

Interprétation suggérée

– Sauf erreur de ma part, vous ferez connaissance, bientôt, d'un homme susceptible de vous plaire. Selon les cartes, trop vous attacher à lui serait une erreur, car une liaison éventuelle avec cette personne n'aurait pas d'avenir...

Remarques

Par son message explicite (un amour à venir, etc.), le Huit de Cœur a permis de sélectionner sans hésitation le troisième attribut de la Maison V (liens sentimentaux passagers), orientant ainsi la démarche divinatoire dans le sens dicté par le Neuf de Pique, qui laissait comprendre qu'une rupture ne tarderait pas à se produire.

MAISON VI

Attributs :
- le travail ;
- la santé ;
- les servitudes diverses ;
- les employés de maison.

Interprétation suggérée

– Une femme influente très bien disposée à votre égard a un rôle important dans votre travail. Si quelque différend vous sépare le malentendu ne tarde pas à se dissiper et vous pourriez rétablir avec elle un excellent rapport. Quoi qu'il en soit, vous pouvez espérer que son concours vous assure une grande réussite dans le cadre de vos activités professionnelles.

Remarques

Par son symbolisme classique, la Dame de Carreau incitait à choisir le premier attribut de la Maison VI (le travail). Le contexte professionnel étant ainsi situé, il restait à adapter au cas précis les deux significations majeures du Neuf de Cœur, émettant l'une et l'autre des hypothèses plausibles.

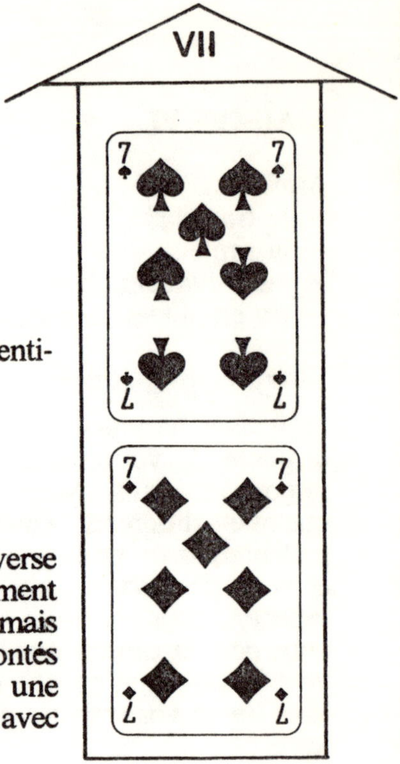

MAISON VII

Attributs :
- le conjoint (ou le partenaire sentimental) ;
- le (les) associé (s) ;
- les actes notariés.

Interprétation suggérée

– Votre mari ou votre ami traverse actuellement une période relativement difficile sur le plan professionnel, mais les obstacles pourront être surmontés et il sera à même de commencer une phase nouvelle de sa carrière, avec espoir de réussite...

Remarques

Le Sept de Pique, indiquant obstacles surmontables et espoir, précédait le Sept de Carreau, ce qui faisait déduire que l'événement annoncé par cette lame se produirait ultérieurement. (Normalement, le Sept de Carreau se réfère directement à la personne qui consulte, mais le premier attribut de la Maison VII – qui paraissait celui à retenir, la consultante étant supposée avoir quelqu'un dans sa vie – imposait un transfert.)

MAISON VIII

Attributs :
- les afflictions ;
- la sexualité ;
- les biens immobiliers ;
- la mort (dans un sens abstrait, le plus souvent).

Interprétation suggérée

– Les cartes parlent de l'une de vos meilleures amies... Risquez-vous de perdre son amitié ? Tombe-t-elle malade ou va-t-elle avoir un accident ?... Tout ce que je peux vous dire, c'est que vous avez à craindre un vif chagrin à son sujet, et ceci dans relativement peu de temps.

Remarques

La Dame de Cœur a permis de situer que la prédiction était en rapport avec une très bonne amie, tandis que la Maison VIII dictait la démarche divinatoire par le premier et le dernier de ses attributs (les 2 cartes ne paraissaient se référer ni à la sexualité ni aux biens immobiliers).

Le Dix de Pique (symbole d'activation) précisait l'arrivée prochaine de l'affliction annoncée.

MAISON IX

Attributs :
- la spiritualité ;
- les études supérieures ;
- les voyages à l'étranger ;
- les procès.

Interprétation suggérée

– Je suis perplexe, puisque les cartes que je dois interpréter peuvent se référer soit à un voyage à l'étranger, soit à un procès ou encore à des études supérieures que vous serez susceptible d'entreprendre, pour mieux vous affirmer dans le cadre de vos activités professionnelles... Quoi qu'il en soit, qu'il s'agisse de l'une ou de l'autre des éventualités, bien des obstacles inattendus sont à craindre, mais tout finit par s'arranger, vous assurant des avantages matériels espérés.

Remarques

Le Dix de Trèfle (argent !) excluait l'application du premier des attributs de la Maison IX, mais pouvait très bien s'accorder avec les autres (y compris les études supérieures, que beaucoup de personnes entreprennent assez tardivement, en vue d'un recyclage). En même temps, cette carte laissait espérer un dénouement favorable, à la fois en raison de son symbolisme et grâce à sa puissance supérieure à celle du Huit de Pique.

MAISON X

Attributs :
- le père (dans ce cas précis, on suppose que la personne qui consulte est une femme) ;
- les relations sociales ;
- la notoriété, les honneurs...

Interprétation suggérée

– Si votre père travaille, il peut s'attendre à quelque changement ou à une nouvelle importante, dans le cadre de ses activités professionnelles, plus ou moins en rapport avec un contexte juridique... Mais si votre père est retraité et, de surcroît, n'a aucune raison d'avoir quelque chose à faire avec la justice, l'événement annoncé par les cartes vous concerne directement : grâce aux conseils d'une personne experte en questions juridiques, vous pourrez obtenir un changement agréable sur votre lieu de travail...

Il y a ambiguïté et il se peut, aussi, que les cartes prédisent une évolution liée à la fois à votre travail et au domaine juridique, vous garantissant en tout cas de grandes satisfactions morales.

Remarque

La pluralité des significations possibles guidait la réponse...

MAISON XI

Attributs :
- les espoirs ;
- les relations amicales.

Interprétation suggérée

– Il se peut que la principale de vos préoccupations actuelles soit en rapport avec une affaire portant sur une somme d'argent importante. Il s'agit, peut-être, de quelque problème fiscal d'un grave préjudice subi, où vous espéreriez avoir le dernier mot... Eh bien, selon les cartes, un dénouement favorable couronne vos efforts. Indépendamment de ceci, il n'est pas exclu que vous ayez à craindre quelque traîtrise de la part d'une personne qui prétend avoir pour vous une grande amitié. Mais il n'y a là rien de vraiment grave, vous ne serez pas affectée outre mesure...

Remarques

L'As de Trèfle faisait penser que les espoirs de la consultante concernent l'argent (d'autant que les renseignements fournis par les Maisons I et II laissaient arriver à une telle conclusion). Le Valet de Pique évoquait le rôle éventuel d'un inspecteur du fisc (malveillant), tout en pouvant s'appliquer, également, au contexte amical, deuxième attribut de la Maison XI.

MAISON XII

Attributs :
- contrariétés, épreuves, adversités, problèmes majeurs ;
- maladies graves ;
- liaisons secrètes, choses cachées.

Interprétation suggérée

– Apparemment, une contrariété majeure risque de perturber votre vie sentimentale. A moins que les concessions nécessaires, de part et d'autre, parviennent à sauver ce qui peut être sauvé, une rupture serait à craindre...

Remarques

Le Valet de Cœur symbolisant un (jeune) amoureux et la Dame de Pique pouvant signifier une rupture, l'éventualité d'une maladie doit être exclue. La prise en considération du dernier attribut de la Maison XII (liaison secrète) fait penser que la peine de cœur annoncée concerne un lien extra-conjugal, aussi parce que le Valet de Cœur s'identifie plutôt à un amant qu'à un mari, mais il paraissait superflu de préciser ce détail...

Voilà, le tour complet du « Grand Jeu » vient d'être fait. Les interprétations suggérées dans le cadre de l'exercice ne doivent pas être considérées comme les seules possibles : votre propre logique peut vous dicter d'autres réponses, l'essentiel étant d'établir un pont entre les attributs divers des Maisons et les significations des cartes qui s'y trouvent.

A part ceci, une précision complémentaire s'impose : dans la pratique, au fur et à mesure que l'interprétation avance, n'oubliez jamais de comparer les messages recueillis au sein des Maisons déjà examinées, de sorte à enrichir ou mieux délimiter les prédictions qui restent à faire. Une telle démarche vous aidera à éviter contradictions ou erreurs, l'établissement d'une synthèse représentant le moyen de se rapprocher le plus possible de cette Vérité que la cartomancie s'efforce de découvrir...

PRÉDICTIONS EN VRAC

Pour terminer, voici une méthode très simple et nullement traditionnelle. Elle exige toutefois une connaissance déjà approfondie des significations divinatoires attribuables aux cartes et une application constante de la logique.

Seules 2 cartes sont prises en considération à chaque fois, pour obtenir une unique prédiction... qui n'a, le plus souvent, aucun rapport avec les interprétations précédentes ou suivantes.

Il s'agit, en somme, d'une suite désordonnée de présages, d'une distraction plutôt que d'une démarche divinatoire proprement dite.

Le procédé, qui implique l'interprétation de 32 cartes, s'appuie sur le principe des « cartes associées », exposé plus loin...

Comment s'y prendre

1. Faites battre et couper les 32 cartes.

2. Demandez à la personne qui consulte de tirer les cartes coupées 2 par 2 et interprétez-les au fur et à mesure.

3. Faites battre les cartes non interprétées.

4. Demandez au consultant ou à la consultante de tirer les cartes qui viennent d'être battues, toujours 2 par 2, et... interprétez-les, au fur et à mesure, comme précédemment.

Parfois, les cartes coupées (celles interprétées au premier tour) sont en nombre impair, de sorte qu'il en reste une, après que les autres aient été retirées du tas, 2 par 2. S'il en est ainsi, il faut ajouter cette carte restante à celles devant être battues à nouveau, afin que la totalité des 32 cartes puisse être interprétée, du moins théoriquement...

Pourquoi ce « théoriquement » ? Parce que, dans la pratique, il arrive très souvent que 2 cartes accouplées par le biais de la méthode « prédictions en vrac » ne suggèrent aucune interprétation plausible. Dans ce cas, il faut, tout simplement, les ranger à part, afin de les utiliser ultérieurement (les cartes « illisibles » qui se trouvaient parmi les lames coupées pourront être ajoutées aux cartes devant être battues une nouvelle fois, tandis que les cartes « muettes » au deuxième tour peuvent être rassemblées, pour faire l'objet d'un troisième mélange, lequel, suivi d'un ultime tirage 2 par 2, aboutira à une dernière tentative d'interprétation).

Mais attention : dans n'importe quelle circonstance, vous ne devez jamais interpréter les cartes séparément (comme avec les méthodes précédentes) : les significations respectives de 2 cartes déterminées que le tirage a réunies doivent donner lieu à une synthèse. Ceci veut bien dire que, chaque fois, en présence de 2 cartes venant d'être tirées, vous avez à formuler une prédiction (ou, du moins, à essayer) qui représente la fusion en une seule de deux notions quelconques...

EXERCICE

On suppose que les deux cartes tirées sont les :

Interprétation suggérée

– Vous aurez affaire à un médecin.

Remarques

Le Roi de Pique dégage la notion de la justice, il évoque le désir d'obtenir réparation après quelque préjudice subi, il signifie – même indirectement – la recherche d'un remède à un mal quelconque.

Le Roi de Cœur représente non seulement un amoureux (d'âge moyen), mais un homme essentiellement généreux, dévoué, toujours prêt à aider son prochain.

Ainsi, les deux notions respectives (le mal que l'on veut effacer et l'homme synonyme de secours) fondues en une seule permettent à la cartomancie de conclure : si elles sont associées (accouplées), les lames Roi de Pique et Roi de Cœur symbolisent un médecin.

⁂

A présent que vous avez saisi le principe même de la méthode et des « cartes associées », voici quelques précisions destinées à vous permettre de faire des « Prédictions en vrac » le plus facilement possible...

Les combinaisons possibles sont évidemment très nombreuses, quasiment inépuisables. Il vous reviendra de juger de la vraisemblance de telle ou telle signification pouvant résulter de l'association (accouplement) de deux cartes déterminées.

N'essayez surtout pas d'arriver à une définition coûte que coûte : retenez uniquement les notions qui vous paraissent dictées par la logique, par le bon sens. (Les erreurs, les fausses interprétations vous guettent. Ici, une extrême prudence s'impose, il faut éviter toute affirmation catégorique, vous exprimer avec encore plus de réserves que d'habitude.)

Afin que vous puissiez vous familiariser avec la démarche logique nécessaire, prenez connaissance, à titre purement indicatif, des :

EXEMPLES

L'As de Cœur parle de joie subite, de réussite.
L'As de Trèfle annonce un profit matériel majeur.

Par conséquent, la signification sera : GAIN AU JEU (à la loterie, aux courses, etc.).

Le Huit de Cœur prédit un amour (et implique la notion de l'acte sexuel).
Le Sept de Cœur symbolise un enfant.

Par conséquent, la signification sera : CONCEPTION.

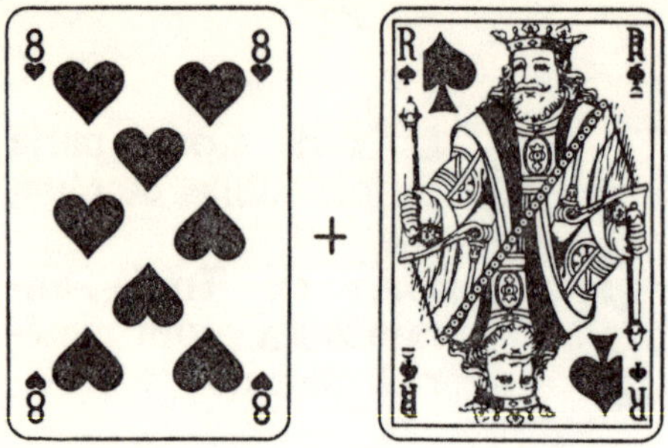

Le Huit de Cœur annonce une liaison amoureuse.
Le Roi de Pique, synonyme de légalité, fait songer au mariage.

Par conséquent, la signification sera : ADULTÈRE.

Le Huit de Cœur constitue le présage d'un amour.
La Dame de Pique signifie : rupture.

Par conséquent, la signification sera : AMOUR SANS LENDEMAIN.

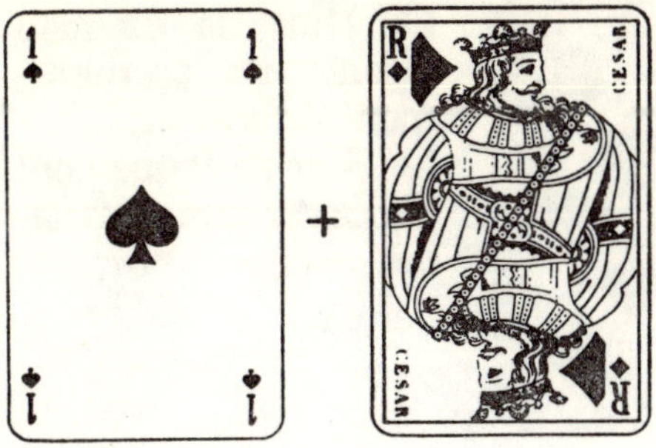

L'As de Pique indique qu'il est question de politique.
Le Roi de Carreau se réfère à la profession, à la carrière.

Par conséquent, la signification sera : UN POLITICIEN.

L'As de Trèfle se réfère aux biens matériels.
Le Valet de Pique symbolise, entre autres, un voleur.

Par conséquent, la signification sera : VOL.

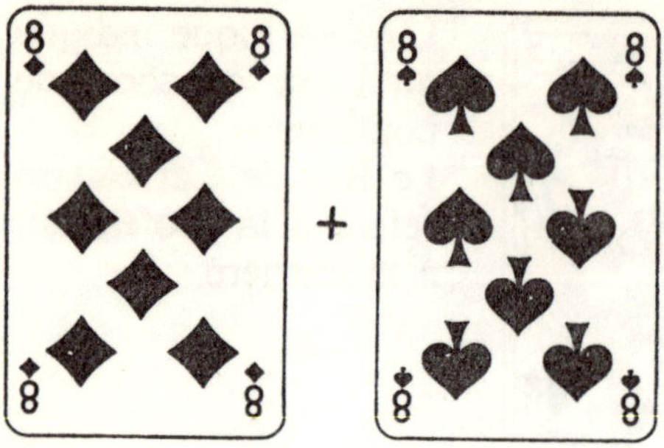

Le Huit de Carreau signifie un accroissement de travail.
Le Huit de Pique peut annoncer une maladie.

Par conséquent, la signification sera : SURMENAGE.

Le Valet de Cœur implique un tempérament fougueux, aventurier et anticonformiste.
Le Dix de Carreau indique de grands voyages.

Par conséquent, la signification sera : UN AVIATEUR (ou marin, explorateur, etc.)

Le Valet de Trèfle est le symbole d'une personne dynamique, douée pour les affaires.
Le Huit de Carreau symbolise les petits voyages.

Par conséquent, la signification sera : UN VOYAGEUR DE COMMERCE.

L'As de Cœur désigne le foyer.
Le Dix de Carreau parle de déplacement...

Par conséquent, la signification sera : DÉMÉNAGEMENT.

Le Roi de Cœur évoque l'idée d'un geste amical.
Le Sept de Trèfle prédit un avantage mineur.

Par conséquent, la signification sera : CADEAU.

Le Roi de Cœur, synonyme de générosité, implique la notion d'hospitalité.
Le Dix de Cœur signifie, entre autres, une preuve de sympathie ou d'estime.

Par conséquent, la signification sera : INVITATION.

Tous ces exemples ne représentent pas obligatoirement les seules ou les meilleures interprétations possibles. Ils ont été énumérés uniquement dans le but de mieux vous faire comprendre « la marche à suivre », pour arriver à certaines déductions en des cas semblables.

CONCLUSION

Il existe de nombreuses autres méthodes divinatoires utilisables avec le support des cartes à jouer. Celles qui ont été sélectionnées pour vous peuvent être considérées comme les moins complexes, les plus facilement assimilables...

A ce stade, après la présentation de sept procédés impliquant l'interprétation de respectivement, 7, 12, 15, 20, 21, 24 ou 32 cartes, la question se pose : quel crédit peut-on accorder aux prédictions obtenues ?... A vrai dire, les avis sont partagés. Ce serait malhonnête de le passer sous silence, certains cartomanciens vont jusqu'à écarter les cartes à jouer (ils emploient uniquement les tarots (*). D'autres professionnels de la cartomancie « ne jurent » que par les cartes à jouer. Enfin, nombreux sont ceux qui les utilisent parallèlement aux tarots.

En fait, c'est incontestable, les tarots, notamment celui de Marseille (**), conviennent tout particulièrement pour éclairer les problèmes majeurs de l'existence humaine, leur langage ésotérique imposant une démarche divinatoire approfondie, quasiment « sacrée », alors que les cartes à jouer, tout en ayant l'avantage d'aborder un domaine plus vaste et plus détaillé, offrent un panorama superficiel, presque frivole. Contrairement aux tarots, on peut dire que les cartes ne cherchent pas à explorer les aspects déterminants de la vie d'un individu.

Quoi qu'il en soit, tous les cartomanciens sont d'accord sur le point suivant : qu'il s'agisse de tarots ou de cartes à jouer, la personne qui consulte doit être conditionnée, doit *croire* à la cartomancie, faire confiance à qui interprète les lames, condition nécessaire pour que celles-ci « parlent », dévoilant les secrets du passé, du présent et du futur...

C'est justement pour mériter cette confiance et ne pas causer de préjudices que les adeptes de la cartomancie doivent assumer leur tâche consciencieusement, sans prendre à la légère l'acte divinatoire qu'ils accomplissent.

(*) Pour les lecteurs que la question intéresse, lire *« Votre avenir par les tarots »*.

(**) La reproduction de l'authentique Tarot de Marseille (créé en 1761 et conservé à la Bibliothèque Nationale de Paris) est diffusée par les Editions Dusserre.

SOMMAIRE

Achevé d'imprimer en novembre 1984
sur les presses de l'imprimerie Bussière
à Saint-Amand (Cher)
pour le compte de France Loisirs

— N° d'édit. 9701. — N° d'imp. 2800. —
Dépôt légal : novembre 1984